和歌山県の祭りと民俗

和歌山県民俗芸能保存協会 編

東方出版

あいさつ

和歌山県民俗芸能保存協会は、『民俗芸能等に関する保護、育成を図るため、適切な方策を講じ、もって郷土の民俗芸能等の保存と発展に寄与すること』を目的として昭和五〇年三月一五日に発足し、和歌山県内の祭りや芸能など、民俗文化財の振興、普及・啓発、調査研究等を行っています。

和歌山県では、地域ごとにそれぞれの特色を背景に郷土色豊かな民俗芸能・風俗習慣が育まれ、伝承されてきました。しかしながら、地域に受け継がれてきた祭礼や行事は、近年の社会情勢の変化に伴い、変容を余儀なくされるとともに、祭礼・行事の担い手となる後継者不足がますます顕在化しており、衰退の危機に直面している民俗芸能や風俗習慣も少なくありません。

このようななか、当協会では、和歌山県の国指定重要無形民俗文化財と県指定無形民俗文化財を中心とした祭礼・行事の現在の形を記録することとともに、多くの方々に和歌山県の魅力あふれる民俗芸能・風俗習慣を知っていただき、現地に実際に観に来ていただけるように本書を作成しました。本書が、県内の無形民俗文化財の保存と継承に役立つことを願っております。

最後になりましたが、本書の作成にあたって、御指導・御助言をいただきました協会員の皆様をはじめ、執筆いただいた吉川壽洋先生、濵岸宏一先生、宮本佳典先生、伝承者の皆様、市町村文化財主管課の関係各位に、深く感謝を申し上げます。

令和二年一二月一五日

和歌山県民俗芸能保存協会　会長　**男成　洋三**

例　言

●本書で紹介した祭礼・行事の名称は、原則として国指定重要無形民俗文化財及び和歌山県指定民俗文化財の指定名称を使用しています。このため、送り仮名の有無が異なっています。

●本書で紹介した祭礼・行事の文末に無形民俗文化財保持団体の名称を記載した。

●本書は、吉川壽洋、濵岸宏一、宮本佳典、蘇理剛志が執筆し、和歌山県民俗芸能保存協会事務局（和歌山県教育委員会文化遺産課）が編集した。

●祭礼・行事の開催日については、年度により変更されることもありますので、見学の際には、開催市町村や関係団体等に事前にご確認下さい。

●公共交通機関を中心とした訪問方法を記載していますが、便が少ない地域もあります。訪問の際は、必ずご確認下さい。

和歌山県の祭りと民俗——目次

第4章　お盆の行事と芸能

第5章　高野山周辺の行事と芸能

第6章　秋・冬の祭りと行事

第7章　熊野三山の祭礼行事

『和歌山県の祭りと民俗』地図

第1章 総説

那智の扇祭り（那智勝浦町）／那智の瀧前で行われる大前の儀

和歌山県の祭りと芸能

吉川　壽洋

豊作への祈り

紀伊半島の豊かな山や海が広がり、農林漁業の盛んな和歌山県では、その年の豊作・豊漁を神仏に祈り、恵みに感謝する祭り行事が多い。とくに、稲作に関しての民俗行事や芸能が県内各地に伝わっている。

小正月には、その年の作付けの吉凶を占うため、小豆粥《あずきがゆ》を炊いた釜の中に竹筒を入れて、竹筒の中につまった粥の量によって農作物の吉凶を判断する「粥占《かゆうら》」が県内各地の神社で行われる。

和歌山市にある紀伊国一宮の伊太祁曽《いたじそ》神社の「卯杖祭《うづえのまつり》」は、邪気を祓う卯杖の儀と、その年の農作物の作柄を占う粥占い、氏子の無病息災を願う小豆粥の振る舞いが合わさった行事で、粥占神事では稲苗一七品種の作柄と、一四種類の農作物の作柄を占うことが知られる。

紀南地方では、田辺市稲成《いなり》町の稲荷神社（旧正月初午の日）や上富田《かみとんだ》町生馬《いくま》の地主神社（一月五日、以前は旧暦一一月二三日）で行われている。このほか、田辺市（旧大塔村）鮎川の住吉神社（二月亥の日）などでもかつて粥占が行われていた。

また、稲の豊作を祈る行事や芸能としては、正月や田植え前後の時季に稲作を模擬的に演じる御田植神事や御田《おんだ》の舞、祭礼で奉納される田楽などが、和歌山県の民俗行事の特色の一つとして位置付けられる。

熊野三山の一つ、熊野本宮大社で四月一五日に行われる御田《おんだ》祭《さい》は、熊野の豊穣の女神である熊野夫須美大神《くまのふすみのおおかみ》にこの地域一帯の豊作を祈る予祝《よしゅく》行事として盛大に行われる。御田祭の中核は、神輿の前で行われる「御田植神事」である。この神事は、御旅所に安置された神輿の前に模擬田を設け、白幣の付いた榊の小枝を持った早乙女《さおとめ》役の少女と田作りの道具を持った男子が登場して、素朴な田歌が歌われるなか模擬田の周囲をあどけなく三回まわり、その後、早乙女が手に持つ榊を田の中に投げ込んで神事が終わる。

これと同じ形式の行事は、熊野那智大社の祭礼である「那智の扇祭り」でも神役の男性が中心となり演じられる。扇祭りの行事の一つとして大社拝殿前の広庭で行われる「御田植式《おたうえしき》」は、四角く敷いた筵《むしろ》の道の上を太鼓打ち・牛頭・掻鍬《かいが》の役者に続いて、青茅の笠を被り手に簡素なエブリを持った一二人の神役が行列して、田歌とともに莚の上を三回まわる。次に、お櫃を頭上に捧げた昼飯持ちが三周し、破れ傘を翳《かざ》された検見《けみ》の田主が「千年万年、あっぱれあっぱれ」と叫びながら三周する。一方、「御田刈式《おたかりしき》」は御滝本の飛瀧《ひろう》神社の広場において、道具を鎌に持ちかえ御田植式と同じように演じる。

那智の扇祭りに奉納される「那智の田楽」は、ユネスコ無形文化遺産に登録される神事芸能で、七月一三日の宵宮祭と一四日の例大祭に奉納される。那智の田楽は、鎌倉時代から室町時代にかけて流行した田楽躍《でんがくおどり》の姿を伝えるものとして極めて高い評価を受けている。

那智の田楽（那智勝浦町）

この田楽は、もと那智山の諸行事を司った社僧《しゃそう》が祭礼に際して演じ、詞章がなく、腰太鼓四人、ビンザサラ四人、笛一人、補佐役のシテテン二人の一一人で演じられる。「乱声《らんじょう》」「鋸歯《のこぎりば》」「八拍子《やびょうし》」など二一曲の古風な田楽本曲と番外のシテテンの舞が伝承され、「御田植式」「御田刈式」とともに地域の豊作を祈る神事芸能として位置付けられる。

有田郡広川町の広八幡宮の秋祭りに奉納される「広八幡《ひろはちまん》の田《でん》楽《がく》」は、室町時代に始まったと伝えられ、秋の実りを予祝する芸能である。広八幡の田楽は、畿内の中世荘園鎮守社に伝えられた王の舞・獅子舞・田楽をはじめとする神事芸能の系統に属すると考えられる。この田楽は、九月三〇日の宵宮と一〇月一日の本祭の両日、境内の舞殿で演じられ、また祭りには御旅所でも行われる。

田楽の演じ手は、七歳から一二歳の子どもで、袖振り二名、手にビンザサラを持つ中踊り六名、締太鼓を腰につけた太鼓打ち二名の、都合一〇名からなる。演技は、代掻《しろか》きから種まき、田植え、草取り、収穫のありさまを演じると伝えられ、鼻高面のオニと鬼面のワニ、それに獅子が加わる。その意味は、二百十日にオニが舞台右側の地面に走り出て空を眺め、天気を見る所作を演じ、獅子を暴風雨や秋の実りに災いをなす害獣に見立てて、これをオニが鉾を持って鎮圧するという構成になっているという。

祭礼の行列が渡御した御旅所では、最後の締めくくりとして短時間でオニ・ワニ・獅子が加わった田楽が行われる。

これまで紹介した御田植神事・田楽とは別に、歌と語りと踊りによって一連の農作業を模擬的に演じ、農民楽劇とも呼べそうな「御田《おんだ》」という田遊び系統の芸能が存在する。

花園の御田舞「田植え」（かつらぎ町）

　県内で有名なものには、伊都郡かつらぎ町花園梁瀬《はなぞのやなせ》の「花園の御田舞《おんだまい》」、同町上天野の「天野の御田祭」、有田郡有田川町の「杉野原の御田舞」、同町の「久野原《くのはら》の御田」などがある。これらの御田は、中世に高野山領であった村々に伝わった正月の予祝芸能である。とくに有田川上流域の御田は、「春鍬はそよんな、打つより世よし」など中世歌謡の要素を色濃く残し、全編を歌と踊りで構成するなど芸能史的にも貴重な伝承である。

　国重要無形民俗文化財に指定される「花園の御田舞」は、二年に一度、旧暦一月八日に近い日曜日に高野山南麓のかつらぎ町花園梁瀬で行われる。午前中に梁瀬の下花園神社を出発して行列をなし、三基の素朴な神輿を担いで遍照寺に向かう。寺へのお渡りの途中では、「榊ばんや」「美濃の国」「淡路の国」「西の国」の囃し歌を笛、太鼓に合わせて歌う。途中、御旅所の宮田跡で鍬供えの儀礼を行った後、遍照寺へ到着。午後は、境内の大日堂で「神子《みこ》の舞」や「千草《ちくさ》の祭文《さいもん》」の読み上げ、「矢突《やつ》き」など修正会の儀式を勤めた後、堂内で御田の舞が始まる。

　花園の御田の演者は、白《しろ》しらげ（田主役）、黒《くろ》しらげ（舅《しゅうと》）、福太郎（聟《むこ》）など主役格の五人の他に田植子五人、昼飯のおんなり持ち、黒牛などが登場する。演目は、本太鼓と座謡《ざうたい》の拍子に合わせて、「四方鍬」「溝かすり」「牛呼び」「種まき」「にしゃも踊り」「田植え」「籾摺り」などの二〇番近い演目が三時間にわたって順次演じ続けられる。

　同じく国指定重要無形民俗文化財の「杉野原の御田舞」は、花園と隔年の二月一一日（現在、公開は不定期）に重要文化財の建造物である雨錫寺《うじゃくじ》阿弥陀堂で演じられる。花園と同じく、舅・聟・田刈りを中心に歌と踊りで一連の農作業の様子が演じられるほか、火を焚いた炉の周囲を褌一丁の男たちが円陣になり、肩組みして歌い囃す「裸苗押《はだかなえお》し」が特徴である。

　「久野原の御田」は、杉野原と隔年の二月一一日（現在、公開は不定期）に、同地区の氏神である岩倉神社の境内で行われる。御田の行列は、神社にまっすぐ続く馬場道を「歌い囃し」と呼ばれる神楽歌を二五番謡いながらゆっくりと渡る。神社に到着後、境内の仮設舞台で御田が行われ、稲作の過程を順次舅と聟が問答する点は、花園や杉野原と同じ様式を伝えるが、特に注目されるのは、演者がほとんど物言わず、左右に座す地謡が舅方・聟方に分かれて歌を掛け合い、合唱して全体が大きく盛り上がるところである。

「天野の御田祭」は、毎年一月第三日曜日に上天野の丹生都比《にうつひ》売《め》神社の楼門下に設けられた神籬《ひもろぎ》に御田の神を降ろし、その前で五穀豊穣を祈願して一連の農作業が模擬的に演じられる。御田の役者は田人《たびと》と牛飼《うしかい》を中心に、一石《いちこし》（黒牛）・早乙女・田《た》づ女《め》・礼ノ坊が代わるがわる登場して、「田起こし」「籾まき」「鳥追い」「田植え」「休神酒《やすみき》」「稲刈り」などを、観客の笑いを誘うユーモアある演技も交えて演じ、最後に御田の神や守護の神々に初穂を奉納する稲供えの祝辞を述べて神を送る。

そのほか、和歌山市西庄《にしのしょう》の木本八幡宮では一月七日に神職のみで御田の神事が行われ、海草郡紀美野町真国宮《まくにみや》の真国丹生神社でも旧暦一月七日に行われた御田が、地元の高校生らの協力によって近年復活され、その年の豊作と氏子の村々の繁栄を祈って行われている。また、日高川筋でもかつて御田が行われた形跡があり、日高川町（旧美山村）串本にも木鍬と歌本が伝えられる。

杉野原の御田舞「若取苗」（有田川町）

船の祭り

和歌山県の沿岸は瀬戸内海から熊野灘に面し、各地に和船を用いた船祭りが分布する。現行では紀南地方に集中して見られるが、かつては紀北や紀中の沿岸部においても点在した。

五月中旬に行われる和歌山市和歌浦の紀州東照宮の和歌祭《わかまつり》は、今は陸で船形屋台の唐船《とうぶね》を押すのみであるが、江戸時代には紀州藩の御船手《おふなて》から御関船《おせきぶね》を出して、陸海の両方から藩祭としての威儀《いぎ》を正す風流《ふりゅう》の祭典として盛大に行われた。

和歌祭にいつから御関船が出船するようになったのかは判然としないが、舷《げん》に鉾、艫《とも》に弓矢を並べ立て、船体部分に赤い吹き流しと幔幕をめぐらして美しく飾り立てられた御関船は、紀州藩の威勢を示す観艦式としての意味もあったと考えられる。江戸後期の『紀伊続風土記』にも、「還御の時所作ある役々芸尽をして還る、又其時和歌浦に楼船を泛へて船歌を発して楼船を操とる、海陸調を合せて響き蒼溟に渡り龍神も感応すへくおもはる」と、少々誇張的な描写で紹介されている。

また、江戸前期に描かれた「和歌御祭礼図屏風」（海善寺蔵）には、御関船を先導するかのように、赤い吹き流しで飾られた鯨船が描かれる。江戸後期に岩瀬広隆が描いた「和歌祭図団扇」（和歌山県立博物館蔵）にも、幟を立て赤の幔幕を張り巡らした何艘もの鯨船の姿が描かれる。

これら描かれた船団の様子からは、古くから和歌山が船によって暮らしを営み、海上交通を通じて文化が伝えられたことなどを思わせる。とくに、その様子を伝える祭としては、熊野の古座川を舞台に行われる河内《こうち》祭《まつり》があり、古座地区から出る三艘の御舟《みふね》をはじめ周辺地区の数々の船が古座川を遡り、川中の神体島である河内島《こうちじま》（清暑島）を巡り祭祀を行うほか、古座の御舟では長老たちが御舟謡《みふねうた》を朗々と歌って夜籠もりする様子などが連想される。

河内祭の御舟行事（串本町・古座川町）

河内祭の御舟は、「河内大明神《こうちだいみょうじん》」と染め抜かれた何本もの幟旗のほか、美しく彩られた傘、色短冊で飾られた笹、吹き流しなどで御舟全体が飾り立てられ、船体には色鮮やかな幔幕《まんまく》が張りめぐらされる。御舟の舳先《へさき》には、江戸時代の古座浦鯨方のシンボルであった卍の紋章が付けられている。このことからも、御舟が鯨船を使用したものであることが分かる。

七月下旬に行われる河内祭には、古座では古座神社での神事の後で、神主と神霊の依坐《よりまし》とされるショウロウ（女児一人・男児一人）、御幣を乗せた当舟を先頭にして、三艘の櫂伝馬《かいてんま》、獅子《しし》伝馬《てんま》と続き、最後に一般参詣の屋形船が古座川を上る。また高池からも当舟と獅子伝馬が出ることになっている。

古田の川原において祭りに関わる各地区による河内島への合同祭祀が始まると、御舟の舳《へ》乗りが神額を持ってお祓いを受け、それぞれの御舟に乗り込む。御舟は神事の開始とともに三艘が連ねて河内様《こおったま》を三周する。

河内祭の最後を飾るのが、古座の少年組による櫂伝馬の競漕である。以前は、古座に上中下の青年組もあり、大伝馬・小伝馬と称されていた。この競漕を戦合《せんごう》という。三艘の櫂伝馬が河内島を右回りに三周して勝敗を競うのである。

櫂伝馬競漕は、一〇月一六日に熊野川で行われる熊野速玉大社の祭礼・御船祭においても見られる。午後一時、大社での神事が終わると、夫須美大神の神霊を神輿に遷して渡御にうつる。渡御行列が熊野川の川原に到着すると、神霊を龍頭厳めしい朱塗りの御神幸船に遷し、水上神幸を始める。この時、対岸の三重県紀宝町鵜殿《きほうちょううどの》からは、御神幸船を曳航する諸手船《もろとぶね》が出る。この船には「烏止埜浦《うどのうら》」という旗が立てられており、二〇名が乗り込む。九丁艪の漕ぎ手のほかには、アタガイウチと呼ばれる赤い投頭巾に赤い衣裳を着け、黒帯、黒襷《たすき》をした女装の男性が乗っていて、赤い小櫂を手にして「ハーリショー」「ハーリー」のかけ声に合わせて船端を打つようにしてハリハリ踊りを踊る。この諸手船が以前は新宮の御神幸船を曳いたが、現在は斎主船が動力となり、二艘を曳航するようになった。

さらに、これらの船に随行するのが新宮市街地の九地区から出された早舟《はやぶね》である。九艘の早舟は、熊野川河口の下札場から上流にある神体島の御船島《みふねじま》を目指し、合図とともに一斉に漕ぎ出すと、御神幸船の一団を追い抜き、御船島を右回りに三周して乙基《おとも》河原に着け、順位を決する。その後、御神幸船も島を三周して乙基河原に着船する。一段落すると、御船島にいる神職が扇で合図を送り、早舟は島を二周回って河口を目指し下りの競漕をする。

この新宮の速玉祭と深い関係を持つ串本町大島の水門祭《みなとまつり》（二月一一日開催）においても、隼と鳳の二艘の櫂伝馬による競漕が行われる。大島の櫂伝馬は、神社

速玉祭：御船祭の早舟競漕（新宮市）

の御神体や弓頭《ゆがしら》、お的、供物を積み込んだ当船《とうぶね》が、大島沖の苗《みょう》我島《がじま》へと海上渡御するために大島港を出て行くにあたって、当船の左右を伴漕するように見送り、当船が無事に苗我島へと向かうのを見届けてから競漕に入る。それぞれ舳先でカツオ釣りの所作を繰り返している若者を乗せ、役割を終えた神事の用具を積んだ当船が帰ってきて湾内に姿を現すと、これを港から陣笠に陣羽織姿の似士子《にしこ》（招き婆とも呼ばれる六一歳の未亡人）が手にした軍配団扇で招き寄せる所作をする。また、当船が着岸するとお山倒しや、神鏡の奪い合い等の行事が続く。

　このほか、那智勝浦町の勝浦八幡神社の秋祭にも櫂伝馬がみられるが、これは伝馬漕ぎの技術の優劣を競うもので競漕は行われない。神輿を神幸船に乗せた船渡御をする前に行われる、陸の神輿と櫂伝馬の引き合いは迫力に満ちている。

　同町の宇久井《うくい》神社《じんじゃ》の例大祭でも海上渡御が行われ、現在は大型漁船に神輿と大幡とを積んで宇久井港をまわり漁協まで渡御する。その時、御舟と呼ばれる曳舟が、五色の吹き流しの柱や若中の幟を立て、舳先と艫に男子が各一人櫂踊りと扇踊りを締太鼓の囃子にあわせて披露し続け、漕ぎ手を勢いづける。

　先に和歌祭の御関船と唐船についてふれたが、日高郡由良町の衣奈《えな》八幡神社の秋祭にも氏子の吹井《ふい》地区から担い型の当船が出るし、有田郡広川町の広八幡宮の秋祭にも氏子の唐尾《かろ》地区から唐船《とうぶね》が出された。この唐船に似た行事としては、西牟婁郡すさみ町の周参見《すさみ》王子神社の秋祭に、豊漁を祈って讃岐の金比羅山から勧請してきた神霊を安置し、漁船名の入った旗を飾り付けた御船《みふね》が台車に載せられ曳き出される。

　また、類似の行事でさらに大々的なものとして、西牟婁郡白浜町日置《ひき》の日出神社の秋祭がある。一〇月一五日の宵宮に全長約九ｍの御船（神船）が作られ、船体に見事な飾り幕をめぐらし、船上に神輿を据え旗など飾り付ける。一七日の本祭には、担ぎ船の両舷に八人ずつの若衆が担ぎ八幡浜へと向かう。浜では御船が海中へと入り、潮かけ神事が行われる。

火の祭り

和歌山の祭り行事を特色づけるものとして、火の祭りが挙げられる。

　串本町大島樫野に鎮座する雷公《なるかみ》神社は、一〇月八日・九日に秋祭が行われる。この神社は樫野と須江の両浦の産土神《うぶすながみ》として、海で働く人々の守り神として信仰されてきた。神社の拝殿前に置かれている撫《な》で石は御利益があるといわれ、おそらく漁業の豊漁不漁を占うためのものであったろう。

　宵宮の一〇月八日午後一〇時ごろ、若者たちの手に持つニガ竹一五本ばかりを束ね作られた松明に火が点じられ、祭典本部から神社まで走って参詣する。これを「走《はし》り詣《まい》」と呼んでいる。

神社参拝後、再び松明をかざして帰路につき、大龍寺に参詣して走り詣は終わる。ニガ竹の松明の燃え残りは、各家で保存しておき魔除けとする。雷公神社の走り詣は、素朴さを残す火祭りである。

このように、神社境内から松明を手にして里まで下りていく形式の行事としては、伊都郡かつらぎ町花園梁瀬の「たい松押し」が思い起こされる。下花園神社の境内で行われるこの大松明押しの行事は、大晦日の一二月三一日夜に行われる。この行事は、旧正月八日に行われる「花園の御《おん》田《だ》舞《まい》」の役決め（鬼決め）が完了した祝いと一年の厄落とし、来る年の豊作祈願のための火祭りである。

大晦日の朝、下花園神社に男たちが集まって、大松明と若衆松明（小松明）を作る。大松明は今年一年の厄落とし、若衆松明は来年の豊作祈願のために作られるのである。夜九時ごろから丹《に》生明神《うみょうじん》を祀る氏神社の前で、神前の燈明から採火して広場で大きな火を焚く。一〇時ごろ大松明に点火、若衆が角結びにした大松明を担ぎ上げ、祝い歌をうたいながら境内の火の周りを三回押して回る。

次に若衆松明に火が点けられ、遍照寺の除夜の鐘の音に合わせて、「祝えー」と叫びながら小松明を左右に振りつつ神社の階段を下り、宮田跡まで進むとそこで各々が別れて、各家に松明の火を持って帰り、神棚に年越しの灯火を点す。

県内の火祭りを代表するものは、二月六日の神倉神社《かみくらじんじゃ》の「御《お》燈祭《とうまつ》り」と七月一四日の熊野那智大社の「那智の扇祭り」である。

新宮市に鎮座する熊野速玉大社の摂社である神倉神社の「新宮の御燈祭り」は、松明を持った男たちが石段を駆け下るじつにダイナミックな火祭りで、熊野神が降臨された足跡を再現するものという。御燈祭の当日、上がり子たちはおのおの精進潔斎して、白装束に身をつつみ荒縄を幾重にも腹に巻きつけた姿で、神社のある神倉山をめざす。

祭りの夜、神倉山には二〇〇〇人以上の上がり子が集まり、その形がヒキガエルに似ているところから「ゴトビキ岩」と呼ばれる御神体の岩陰で切り出された御神火を移して、山上から

新宮の御燈祭り（新宮市）

一斉に五八三段の鎌倉積《かまくらづ》みの急な石段を駆け下りる。上がり子たちが手に手に松明をかざして石段を駆け下りる有り様は、民謡「新宮節」に「山は火の海、下り龍」と歌われたとおりの光景といえる。

那智勝浦町那智山に位置する熊野那智大社の祭礼である「那智の扇祭り」は、那智の火祭りとも呼び習わされ、那智の大滝前での大松明による「御火行事《おひぎょうじ》」がとくに有名である。那智山下の市野々《いちのの》の人々は、七月一四日の朝から大社境内に集まって、数日前に作られた一二体の扇神輿に最後の飾り付けを施す。

扇祭りは、年に一度、熊野那智大社から那智大滝へと神々が里帰りすることによって新たなエネルギー（霊威）を付加する神事であり、熊野十二所権現を象徴する一二体の扇神輿に神々を遷して、御滝本に向かうのである。

一二体の扇神輿が拝殿の前庭にずらりと並べ立てられ、神役《しんやく》と扇差《おうぎさ》しの男たちが大滝のある方向に向かって、太鼓の音に合わせて一同に「ザアーザアーザアー、ホオー」と喊声《かんせい》をあげ、行列を作って出発するところから行事は始まる。

渡御行列は途中、伏拝《ふしおがみ》と呼ばれる場所でいったん留まり扇神輿を立て、一同が拝礼した後、神職や大松明を担いだ神役たちは御滝道の石段を下って大滝に向かって進む。残された扇神輿と扇差しの人々は、頃合いをみて滝の方角に向かい先の喊声を上げて、再び出発する。

御滝本の前庭では、さきに到着した神役たちが扇神輿の出立を促す喊声を上げ、迎えの使いとして長い松明を手に持った一の使い、二の使い、三の使いを次々と扇神輿に向けて出発させる。三の使いが出発すると、独特の烏帽《からすぼう》をかぶった神職が松明を持ち、東方の光ケ峯《ひかりがみね》に向かって遙拝神事を行う。その後、一二本の大松明は、炎を上げながら扇神輿を迎えに行き、石段の途中で神輿と出会って、石段を次第に滝本まで下りてくる。

那智の扇祭り：勇壮な御火行事（那智勝浦町）

大松明が引き上げると、先ほどの烏帽の神職が、滝の水を象った打松を使って扇神輿一体ごとに神鏡を打つ「扇褒め《おうぎほ》」が行われる。この大松明を使った「御火行事」と「扇褒め」によって御神体が遷された扇神輿を御神火と滝の水とで浄化するものとみられる。

先祖の供養

お盆が近づくと日高郡や有田郡の山間部では、水棚《みずだな》、餓鬼棚《がきたな》、精霊棚《しょうろだな》とよばれる新仏や祀る者のない無縁仏を祀る棚を家の縁側や庭先に作る。新仏の水棚は、八月一二日の午前中に作る所が多く、新仏の水棚のところに近隣の人々が集まって盆踊りを行ったりしたという。

高野山では、八月一三日に奥の院の参道で「万燈供養会（ろうそく祭）」が行われる。一の橋から御廟橋《ごびょうばし》に至る参道の左右に、約一〇万本のロウソクが点される。参詣者は、参道入口でロウソクをもらい適当な場所で火を点し立て、手を合わせて先祖を送るわけで、盆の送り火として催される行事である。

毎年八月一五日に行われる日高郡由良町の「興国寺の燈籠焼」は、盂蘭盆《うらぼん》の精霊送りとして七〇〇年余の伝統をもつといわれ、送り念仏、松明踊り、ドヨウ担ぎ、燈籠焼きという大きく四つの次第からなる。

一五日の夜九時ごろ、檀家の人々が各家から手作りの切子燈籠を持って興国寺の本堂前に集まってくる。白貼りの燈籠は初盆の新仏、色貼りの燈籠は年忌を迎えた祖先の霊を示す。本堂では、僧侶による読経のほか虚無僧による尺八吹奏、六斎衆による六斎念仏などの法要が行われる。その後、六斎衆が送り念仏を唱えるとともに、切子燈籠を手にした檀家の人々が本堂の周りをゆっくり右回りに三回巡り、次いで行列を組んで少し離れた場所にある無常堂《むじょうどう》まで移動する。

無常堂の広場では、送り念仏にあわせてはじめに門前区の子どもたちが両手に松明を持って踊る。次に、ドヨウと呼ばれる大松明が力自慢の若衆一人によって広場に運び込まれる。ドヨウは、長さ四m、周囲三m、乾燥させたシダを青竹に巻き、青笹を挿して化粧してあり、重さは一〇〇kg以上ある。ドヨウは四本作られ、両端を燃やして一人の若衆の肩に担がれ、それぞれ焚き火の周りを三周し、松明を使ったいくつかの技を披露する。その後、ドヨウを焚き火の上に重ね、火の勢いが強まった頃に、興国寺の開山燈籠、檀家の切子燈籠が次々に投げ込まれる。夜空を焦がさんばかりに火炎と火の粉が上がる中で、六斎衆の念仏や僧侶の読経、尺八の音がいっそうの高まりをみせる。

六斎念仏は、由良町門前

興国寺の燈籠焼き：切子燈籠のともし火（由良町）

晩稲の六斎念仏：お盆の念仏供養（みなべ町）

のほかにみなべ町晩稲《おしね》の光明寺でも行われる。晩稲に伝わる六斎念仏は「七ツ子」「賽の河原」「四方拝（いざら）」「六字訓」「山ごもり」「身売り」の六曲で、八月一四日、二〇日、二三日に光明寺や境内の諸堂、村内の仏堂や墓地などでも決められた念仏を唱える。

また、高野山周辺の村々でも六斎念仏が盛んに行われた。近年まで行っていたのは、伊都郡かつらぎ町下天野の延命寺を拠点にした六斎念仏講で、毎年二月一五日の涅槃会《ねはんえ》、春秋の彼岸の中日、八月のお盆、一〇月一〇日のお十夜《じゅうや》にも、講員が鉦を打ち技巧的な節回しによる南無阿弥陀仏を繰り返し唱える念仏供養が行われた。現在は休止しているが、地元で復活の兆しがみえている。

田辺市下川上の流れ施餓鬼《せがき》は、地区を流れる安川の河原で地区の人々が持ち寄った麦からや稲わら、真竹などで大きな精霊船を作り、船頭役の大きなわら人形を載せる。その一年のうちに亡くなった人々の供養のため家に祀られていた提灯や燈籠、仏具等を飾りつける。八月一五日の夕刻、河原に設けられた施餓鬼棚の前で法伝寺の僧による読経が始まり、参列者の焼香が次々と行われる。その後、精霊船に火が放たれ、炎を上げて燃えながら川中に引き出されて、流れながら燃え尽きていく。

同じ日、熊野地方の海岸部では、盆の仏送りのために行われる珍しい柱松の行事がある。

田辺市下片町では漁民の間で昭和四四年頃まで盆の柱松行事が行われ、高さ二〇mばかりの木柱を立てた。柱のてっぺんには杉葉を詰めた丸い籠を取りつけてあり、夜に行事が始まると、その籠を目がけて男たちが小さい松明を投げ上げた。火を点けることを競う行事であるが、点火するには時間がかかり見応えある光景であった。下片町の柱松行事は、土地では海難者供養のためといい、また新仏の送り火ともいっている。

太地町太地《たいじ》の柱松は、八月一四日（仏迎え）と一五日（仏送り）に行われる。夜八時ごろになると、かつて砂浜があった東の浜の海岸広場に男たちが集まり、音頭のかけ声とともに高い柱を人力により綱を使って曳き起こす。その後、頂きにとりつけた籠に向かって小松明を投げ上げるが、うまく点火すると仕掛け花火が炸裂するよう工夫されている。柱松の行事が終わると、各家から手に水桶やバケツを持った人々が海岸に集まり、線香を捧げて海に向かって先祖を供養する。

紀伊の獅子舞

和歌山県の特色ある民俗芸能の一つに、獅子舞が挙げられる。

紀伊の祭りにおける獅子は、その荒々しい力により大地を祓い浄め、悪魔や災厄を撃退するが、逆に獅子のもつ荒ぶる力が人間に災いをもたらすとも考えられ、獅子の方がなだめられ鎮められる存在として位置づけられる場合もある。そうした着目点で和歌山県内各地の獅子舞の特徴と分布状況をながめてみると、その土地土地において独自の展開を遂げてきた跡を確認することができる。

藤白の獅子舞：たかなり（海南市）

県北部に位置する海南市下津町・加茂谷と呼ばれる地域に伝わる獅子舞は、獅子の胴幕に五人あるいは七人の青年が入る。熊野詣の重要な王子社であった藤白神社に伝わる獅子舞は、「獅子が洞穴から出て花や蝶と戯れるが、やがて寝入ってしまったところに、天狗が扮する猿田彦が現れて獅子と戦う」様子が情景として演じられる。この地域の獅子舞は、冒頭に獅子が登場して「拝の舞」を奉納した後、前半は獅子一頭で「蚤《のみ》取《と》り」「寝舞」などを演じ、後半は鉾を持った天狗が登場して獅子と争う。その際の興奮した獅子が高く立ち上がる「たかなり」等の演技が共通している。

なかでも大切な場面である「たかなり」は、県中部の獅子舞まで分布している。日高郡由良町の宇佐八幡神社や日高町の志賀王子神社の秋祭りに見られる「継《つ》ぎ獅子《じし》」は、「たかなり」とも共通するスタイルであるが、日高の獅子は二人立ちを基本としており差異も認められる。「継ぎ獅子」の最たるものは、広川町の広八幡宮の祭礼に奉納される乙田《おとんだ》の獅子舞であるが、さらに演技が大きくなると和歌山市木ノ本や加太に伝わる「梯子獅子《はしごじし》」の系統へと発展する。なお、これらの獅子舞では軽量化のために紙胎《したい》に漆を塗った張子の獅子頭を用いる共通点があり、同じ系統の獅子頭を用いる香川県や兵庫県の

広八幡の田楽：獅子（広川町）

継ぎ獅子や梯子獅子など、瀬戸内海を通じた芸能文化の流れも想定される。

県中部の有田郡と日高郡の一部にみられる獅子舞は、囃子を伴わない動きの少ない獅子であり、観衆をあまり意識することのない神事芸能として奉納される。有田郡では、オニ・ワニという二人の鬼と獅子とが絡む芸能を「三面獅子《さんめんじし》」と呼ぶが、日高郡では「鬼獅子」、「箱獅子」、「頭屋獅子」、「お頭」などと呼称される。

なかでも広八幡宮の祭礼に伝わる獅子舞は、鉾を持つ二人の鬼（オニ・ワニ）と獅子と田楽とが一体となって演じられていることから、古い芸能形式を伝えると考えられる。中世の荘園鎮守社の祭礼では、都《みやこ》の祭礼に登場した王の舞・獅子・田楽の三つの芸能が一括で伝来しており、こうした例は福井県若狭地方に集中してみられるが、広八幡の田楽は、これらの芸能が一場面で同時に演じられる点が大変珍しい。

県南部の西牟婁郡・東牟婁郡および日高郡の奥地に伝わる獅子舞は、「古座流《こざりゅう》」あるいは「伊勢流」と呼ばれる獅子舞で、伊《い》勢《せ》太神楽《だいかぐら》系の獅子舞が当地に伝わり地域的展開をしたと考えられる。この系統の獅子舞は、笛・太鼓の囃子とともに「幣《へい》の舞」、「剣の舞」、「神来舞《しぐるま》」、「乱獅子」など曲目数も多く、獅子あやしとしてササラを手にした子供の天狗がつく場合が多い。

なかでも古座流の元祖である古座川下流域の獅子舞は、江戸中期の享保年間（一七一六～三六）に、古座組大庄屋の中西孫左衛門が伊勢詣の際にみた伊勢太神楽を、土地の若衆に習わせたのが始まりと言い伝えられる。江戸時代の古座浦は捕鯨基地でもあり、若衆の芸能として人気のあった獅子舞は海を通じて近隣の浦々へも早く伝わり、さらに山間部の村にも伝わっていった。上富田町の岡の獅子舞は、古座から白浜町田野井に伝わった獅子舞が、安政年間に当地に伝わったとの言い伝えが残る。

地域の祭礼の担い手は、若衆組（のちの青年団）に属する若者達であった。熊野地域では、各地域の青年が集まり、寄り合いや獅子舞の稽古等を行う青年会館が建てられ、祭りが近づくと夜ごとに獅子舞の伝承に取り組んでいる。

古座の獅子舞：鈴の舞（串本町）

乙田の獅子舞：高舞（広川町）

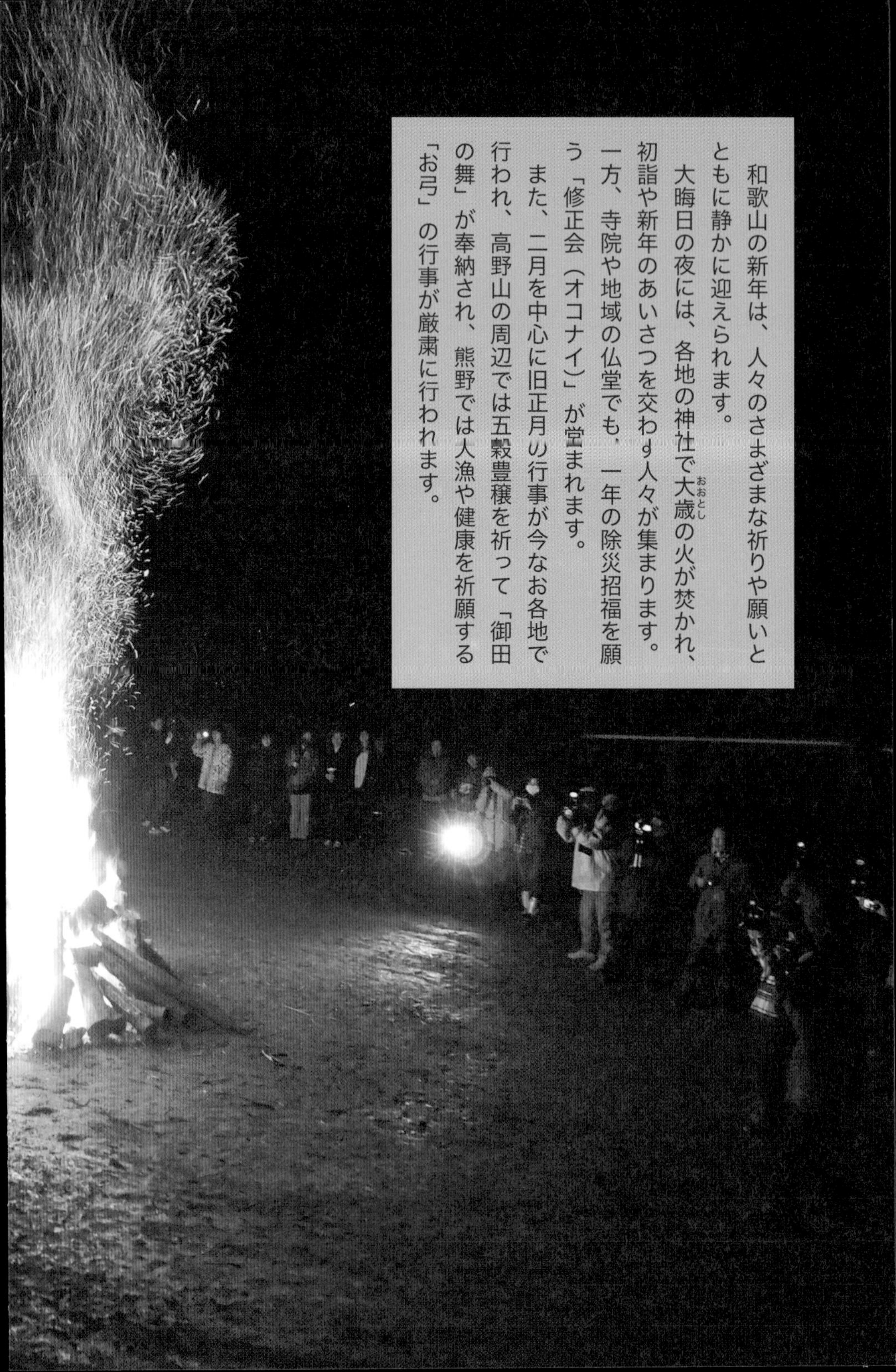

和歌山の新年は、人々のさまざまな祈りや願いとともに静かに迎えられます。

大晦日の夜には、各地の神社で大歳《おおとし》の火が焚かれ、初詣や新年のあいさつを交わす人々が集まります。一方、寺院や地域の仏堂でも、一年の除災招福を願う「修正会（オコナイ）」が営まれます。

また、二月を中心に旧正月の行事が今なお各地で行われ、高野山の周辺では五穀豊穣を祈って「御田の舞」が奉納され、熊野では大漁や健康を祈願する「お弓」の行事が厳粛に行われます。

第2章　新年の祭りと行事

花園の「たい松押し」（かつらぎ町）／大みそかの夜、下花園神社の境内に大歳の火が焚かれ、大松明に御神火が点される。

たい松押《まつお》し

かつらぎ町花園梁瀬　下花園神社
和歌山県指定無形民俗文化財

一二月三一日
JR和歌山線「笠田」駅よりコミュニティバス「花園」バス停下車

高野山の南、有田川上流に位置するかつらぎ町花園梁瀬に伝わる「たい松押し」は、梁瀬の氏神である下花園神社の大歳の御神火を人々がいただく年越しの行事です。

一二月三一日、大晦日の午前中に神社境内において松明作りが行われます。行事の中心となる大松明は、長さ八m・直径五〇cmほどあり、檜丸太の長い割木と割竹を一二本の藁縄で束ねて製作します。このほか「若衆松明」という長さ一・五mほどの松明が数十本作られます。

午後八時ごろ、下花園神社境内の広場に積み上げた薪木の山に御神火をつけ「後夜《ごや》の火」を焚き始めます。火が勢いよく燃えだす頃に氏子らは三々五々集まりだし、午後一〇時頃に保存会の人々が神社前に整列して「たい松押し」が始まります。神主役からお祓いを受け、若衆頭が大松明に挿した榊の枝を神前に捧げて拝礼した後、若衆が大松明を担ぎ上げ、焚き火の炎から点火します。松明が燃えだすと、世話人が音頭を取って「ヤハリヤハリヤハリ、押してくれーい、みんなそろたら、押してくれーい」等の唄を歌い、若衆も音頭に続けて勢いよく「ワッショイ、ワッショイ」と囃しながら大火の周りを回ります。松明が三回めぐり終わると、大松明を拝殿の前に立てて氏神の四所明神に聖なる火を捧げ、次いで焚き火の中へ大松明が倒し込まれ、暗闇の空に大きな火の粉が巻き上がります。

大松明の儀式が終わる午後一一時ごろ、若衆はじめ参詣者らが焚き火に向かって若衆松明をかざして火をつけ、松明に付いた榊をとって襟首にさし、年長順に一列をなし焚き火を右回りに三周した後、一〇八段ある神社の石段を下り始めます。

除夜の鐘が聴こえる中、それを合図に若衆が大声で「祝え」と口々に唱え、松明を左右に振り舞わしながら階段を下りると、石段下の宮田の跡でいったん置き、荒神社の方角に拝礼してそれぞれ家路に着きます。持ち帰った松明の火は、玄関先でロウソクに火を移して家内に灯火を迎え入れ、神棚や仏壇の灯明として捧げます。

以前は、この行事に先立ち、旧正月八日に行う御田（花園の御田舞）の役決めも行われました。たい松押しは、同じ日に高野山で行われる山王院の「御幣納《ごへいおさ》め」における大松明行事と類似し、年越しに大歳の火を神前に捧げる儀式が当地に伝えられたと考えられます。

（花園郷土古典芸能保存会）

大松明は若衆たちに担がれ、掛け声とともに焚き火の周りを巡る。

檜の割木と割竹で作る大松明。縛る縄の数は1年12ケ月を表し、閏年は13本になる。

花園《はなぞの》の御田《おんだ》舞《まい》

かつらぎ町花園梁瀬、遍照寺大日堂ほか
国指定重要無形民俗文化財
西暦奇数年の旧暦一月八日に近い日曜日
JR和歌山線「笠田」駅よりコミュニティバス「花園」バス停下車

花園の御田舞は、高野山の南に位置するかつらぎ町花園梁瀬の下花園神社と遍照寺《へんじょうじ》大日堂において、村の安泰を願い正月に行われる修正会「オコナイ」の一行事として奉納され、かつては旧暦正月八日を恒例として下花園神社境内にあった大御堂《おおみどう》で行われました。現在は二年に一度、一月中旬に行われます。

御田の当日は、午前に正装した役人衆が下花園神社の境内に集まり、儀式を済まして三基の神輿を中心に行列を整え、笛と太鼓による「お渡り太鼓」の囃子に合わせて唄を歌いつつ遍照寺に向かいます。午後、お渡りの行列が大日堂を三周する「廻《まわ》り打《う》ち」の行道《ぎょうどう》を行うなか、住職によりオコナイの法要が営まれ、男性の神子役による「初夜《しょや》の舞《まい》」や一年の除災招福を願う「千輪《ちわ》の祭文（牛頭天王祭文《ごずてんのうさいもん》）」の奉読、祭文の霊力により村に災いをもたらす魔物を竹矢で退散させる「矢突《やつ》き」の作法など独特の儀礼が続き、その後、御田に移ります。

御田の主な役者は、奉納のあいだ囃子の太鼓を打ち続ける「本《ほん》太鼓《だいこ》」、御田の主役である舅《しゅうと》役の「黒しらげ」と聟《むこ》役の「福太郎」、さらに福太郎の補佐役として「百太郎」「徳太郎」がおり、この五名を「五役」と呼んでいます。また御田の役を一通り経験した人が「座唄《ざぶたい》」を務め、上座と下座に五人ずつ（計一〇人）が向き合って座し、若衆の演技に合わせて唄を歌い、棒で床を叩きながら御田の踊り場を盛りたてます。

御田の演技は、座唄衆による「謡《うた》い囃子《ばやし》」から始まり、鍬を持った福太郎・百太郎・徳太郎が登場する「廻り鍬」に続いて、黒しらげが中心となり「田打ち」「かりむけ」「溝かすり」「水迎え」「牛呼び」「苗代」「種おろし」「籾供え（祝詞）」「籾蒔き」「見廻り」など稲作の準備を演じます。その後、聟の福太郎を呼び出す「聟舅名乗り」を行い、田植え子たちが登場する「にしゃも踊り」「苗取り」「おんなり持ち」「田植え」「神子の舞」が場を盛り上げ、さらに稲の生長を表す「植え田の見廻り」から「田刈り」「籾供え」「籾摺り」へと続きます。

見どころは、黒しらげによる「田打ち」や「種蒔き」の力強く洗練された所作や、独特の笠をかぶった五人の田植子《たうえこ》による「にしゃも踊」と「神子の舞」、昼飯の櫃《ひつ》を手に女装した若者が演じる「おんなり持ち」などです。終盤の「田刈り」では、福太郎と百太郎と徳太郎の三人が、体を大きく使い稲刈りの激しい動作を繰り返します。また御田が終わると、領主役の白しらげが刀で結界の注連縄を切って退場し、白しらげと五役は松明を持って「鬼走り」を行って行事が終了します。

大日堂本尊の須弥壇《しゅみだん》上には仏具や供物のほか、五穀で拵えた干支の盛り物（額絵）や、山椿の木を立て造花、餅花などを飾り、梁の上には割竹に白綿や色紙をつけた「柳」や「満月の花餅」とよばれる鏡餅を吊して堂内を荘厳します。

かつては跡継ぎの長男でないと御田に参加できないとされ、御田の主役である「聟」や「舅」の役を務めることは、一人前の村の男として認められることでもありました。

花園の御田舞は、本番の行事では三時間以上もの長丁場になり、直線的かつ豪快な動きと、謡いの節回しも民謡調の音階で明るい雰囲気に特色があります。

（花園郷土古典芸能保存会）

黒しらげ・百太郎・徳太郎の三役が稲束と鎌を持ち、太鼓に合わせて大きく激しい動作で「田刈り」を演じる。

3時間もの間、難解な中世のせりふを暗唱することで役者の記憶力が試される。

杉《すぎ》野《の》原《はら》の御《おん》田《だ》舞《まい》

有田川町杉野原、雨錫寺阿弥陀堂
国指定重要無形民俗文化財

不定期（以前は西暦偶数年の二月一一日）
ＪＲ紀勢本線「藤並」駅より路線バス「中村」バス停下車

高野山の周辺に伝承される「御田《おんだ》」は、一年間の五穀豊穣を祈って農作業の過程を歌や踊りで模擬的に演じる「田遊び」と呼ばれる芸能の一種です。とくに有田川上流域に伝わる御田は旧正月に行われるもので、「春鍬はそよんな」など中世歌謡や古い言葉遣いを豊かに残し、全編を歌と踊りで構成する点に特色があります。

杉野原の御田舞ではかつては旧正月六日に行われていました。御田舞の伝承経路や創始年代は資料が乏しく不明な点が多いですが、中世には高野山領阿弖河《あてがわ》上庄の一村であり、詞章のなかに「地頭《じとう》」「領家《りょうけ》」「本家《ほんけ》」「冠者《かじゃ》」などの中世由来の呼称や、謡曲に由来する文句など室町期の中世歌謡の要素が多く含まれます。御田が演じられる雨錫寺《うじゃくじ》阿弥陀堂は室町時代後期に建立され、国の重要文化財に指定されています。御田の日には、本尊を祀る須弥壇《しゅみだん》の周辺に山椿の造花や五穀で作った干支の絵額、削り花などの荘厳も見事に飾られます。

御田は、昼過ぎから雨錫寺の本堂前から区長（昔は庄屋）を先頭に、鍬を持った「聟《むこ》」「舅《しゅうと》」「田刈《たかり》」、「牛役」「田植子《たうえこ》」「座《ざ》唄衆《うたいしゅう》」の順で行列し、境内にある氏神の河津明神社へのお渡りから始まり、神前で太鼓に合わせて鍬を打ち振る「春鍬」を奉納します。

その間、阿弥陀堂の方では褌《ふんどし》姿の男たちが堂内で焚かれる柴《さい》燈《と》（大火鉢）の周りを囲み、円陣になって締太鼓で謡い囃しを歌いながら「テンヤト、テンヤサッサ」と押し合います。これは「裸苗《はだかなえ》押し」と呼ばれ、御田の会場を囃子と唄で盛り上げる意味があり、もとはオコナイ（修正会）の儀礼の一つでもありました。その後、一年の稲作の作業を謡と舞踊で演じる「御田の舞」が、舅・聟・田刈の三役を中心に奉納されます。

杉野原の御田舞の演目は、「かいなんだし」で三役が登場した後、「世の中踊り」で舅役だけとなり稲作の準備作業である「四方鍬」「岸刈」「水向」、牛が登場する「牛呼」「世の中踊り」「牛に伺詞」、牛が退場して「肥さがし」「野草踏み」「水向」「牛洗」が順次演じられ、「堂塔《どうとん》ぼし」で福の種（籾）を供え、田刈りが節を付けた「祝詞」を仏前に奏上した後、再び舅により「種蒔」「芽干し」「水向」を演じます。その後、聟が登場して「福女《ふくめ》踊り」「こせあい」、田植子が登場する「若取苗《わかとるなえ》」「田植え」があり、「穂参《ほまい》らせ」「田刈り」「籾摺り」と続きます。

このうち、「種蒔」では舅が種籾を盛った木器を手に、座唄衆の「福の種を蒔いたり…」という囃し謡にあわせ、力強く躍りつつ周囲に種を蒔きます。また、後半の「若取苗」「田植え」では、美しい色紙垂の笠を被った田植子が五人登場して苗取りや田植え等の所作を演じ、堂内が最も華やかな瞬間を迎えます。

（杉野原の御田の舞保存会）

室町時代建立の阿弥陀堂で演じられる御田の舞。堂内は旧正月のオコナイ（修正会）の荘厳が飾られる。

2月の厳寒の中、ふんどし姿の男たちが採燈の焚き火を囲んで歌い跳ねる「裸苗押し」。

久野原《くのはら》の御田《おんだ》

有田川町久野原、岩倉神社
和歌山県指定無形民俗文化財

不定期（以前は西暦奇数年の二月一一日）
ＪＲ紀勢本線「藤並」駅より路線バス「久の原農協前」バス停下車

有田川の中流域に位置する有田川町久野原は、川のゆるやかな蛇行に沿って集落と棚田が展開する地域です。久野原は、かつては高野山領でしたが江戸時代に紀州藩領となり、新田開発や和紙の生産などが行われ、高野山領として残った上流の村々とは少し違う歴史を辿りますが、氏神である岩倉神社では「御田」が続けられてきました。

久野原の御田の起源は不明ですが、天正年間の御田歌本が伝わり、芸能の内容や当地の歴史からみてもう少し古く室町前期から始まったと考えられます。

二年に一度の御田では、奉納に先だって正午から「渡り初め」が行われます。岩倉神社の参道入口に御田の役者や初渡りをする赤ん坊を抱いた親子らが行列を作り、神社に続く馬場道を打ち振る締太鼓の拍子に合わせて「謡《うた》い囃《ばや》し」を歌いながら、延々三〇分ほどかけてゆっくりと進みます。

一行が岩倉神社の境内に到着すると、前庭に設けた仮設舞台で御田が奉納されます。御田の配役は、舅《しゅうと》役の「なかの丞《じょう》」と聟《むこ》役の「福太郎」を中心に、鮮やかな色帯を付けた締太鼓を打ち囃す太鼓打ちが二名、田植え・稲刈りなどを演じる早乙女《さおとめ》役の児童が五名登場します。また、久野原の御田では舅と聟はほとんど無言で演技をしますが、代わりに舞台の左右に向かい合って座る「座謡《ざうたい》」の人々が、舅方・聟方に分かれて台詞や唄を担当して次第を進行します。

御田の演目は、稲の豊穣を祈り、田起こしから収穫までの一年の稲作の様子を模擬的に演じられます。まず鍬を肩に担げスリサラを手に舅役が登場して、静かに田の見廻りの動作を行う「世の中踊り」が始められます。続いて舅のみで「鍬初め」「溝さらえ」「水向け」が演じられ、黒牛が登場する「牛呼び」、さらに「畦はつり」「畦ぬり」「田かき」「肥持ち」「田ならし」と田の準備が進みます。苗代《のしろ》作りを前に田の神を祀る「田常《たづね》祭り」、種籾を田の水に漬け「籾蒔き式」を演じ、種籾が膨らむ間に「縄ない」「俵編み」「苧《お》つぎ」などの作業をして、可愛らしい早乙女と共に「苗代籾蒔き」を行います。

農繁期を迎える「福田《ふくた》」の場面で聟が登場し、舅と言い争いをする「拒障合《こせあい》」の後、田唄が歌われるなか早乙女が登場する「苗取り」「田植え」の場面となります。その後は舅と聟だけで稲の成長を「ささら踊り」で表現し、続いて早乙女らが稲穂と鎌を持って登場して「田刈り」を演じます。最後に「稲供え」

で収穫を神々に感謝して終演となります。

久野原の御田は、座謡の歌う田唄の音楽性が豊かで、舅・聟とともに田植えや稲刈りなどの場面に登場する早乙女の子ども達の愛らしい動作がとくに印象的です。

（久野原の御田保存会）

座謡が歌う美しい節回しに乗せて、御田の役者たちがゆったりと舞台をまわる。

色鮮やかな笠をかぶり、赤いたすきをかけた早乙女役の子どもたちが、田植えや稲刈りの所作を演じる。

粟生《あお》のおも講《こう》と堂徒式《どうとしき》

有田川町粟生、吉祥寺薬師堂
国指定重要無形民俗文化財

旧暦一月八日
JR紀勢本線「藤並」駅より路線バス「岩倉郵便局前」バス停下車

有田川町粟生の集落内にある吉祥寺薬師堂（国指定重要文化財）は、応永三四年（一四二七）の再建棟札があることから、室町中期に建立された村の仏堂です。

毎年旧暦の一月八日には、この薬師堂で「堂徒式《どうとしき》」が行われます。当日は、堂徒式に先立ち一一時から「おも講《こう》」の講員である一三軒の家人が集まって「初講」が開かれます。一三軒の家は、粟生村を拓いた草分けの家として村の指導的な立場にあり、講を結んで村の取り決めや神仏の祭祀を行っていました。おも講の会場には「岩倉大明神」の神号と「観音」「薬師」「大日」の掛け軸が掲げられ、吉祥寺住職にあわせて掛け軸に対して般若心経を唱えたあと、講衆で御神酒を頂きます。その後、昼食をとりつつ懇談しますが、かつてはこの場で村の評議なども行われたと伝えられます。

旧暦一月八日の行事は、「おも講」と「堂徒式」という二つの行事から成り立っていますが、このうち「堂徒式」は堂座の講員の立会いのもと、神仏の前で幼児が村人として認められ健康を祈るための儀礼です。

一三時に講衆らが薬師堂に移り始められる堂徒式には、吉祥寺住職とおも講の講員、そして数え三歳児と親が参加します。しきたりとして式を受ける幼児のうち早く生まれた男の子の父親が「雄蝶《おちょう》」、早く生まれた女の子の父親が「雌蝶《めちょう》」の役を務め、紋付羽織袴の正装を着て行事に出席します。堂徒式の準備は、行事前の日曜日に三歳児の親たちが最も早く生まれた幼児の家（堂徒宿という）に集まり、式に使う割り木の膳、「牛の玉 宝の印 薬師堂」と墨書した牛玉宝印《ごおうほういん》、串餅（挟み餅）、フシの木を二つ割にした太刀、梅の造花などを準備します。

薬師堂に参加者が揃うと、吉祥寺住職による読経に続いて、長年書き続けられていた「堂徒式 人名帳」が加持され、雌蝶役によって新たに加わる三歳児の名前が読み上げられます。その後、住職によって杖で御香水《おこうずい》がすべての三歳児の頭に注がれます。

これが終わると、薬師堂の外陣におも講衆と住職が二列に並んで向き合って座り、雄蝶・雌蝶が式の進行役として間を進んで、講員と住職に対して古式ゆかしい接待をします。接待は、雄蝶の挨拶の後は一切無言で式がすすめられ、長柄の湯桶と盃を載せた三宝をもって一三人の座席の順に三三九度の盃に酌をします。配膳は、素朴な割り板の膳に葉付き大根、煮大豆、酒かす、最後に串柿を雄蝶と雌蝶が頭上で交差させながら進み出て、講衆に配ります。

儀式の終了後には、薬師如来護符、串柿のほか、薬師堂を荘厳した太刀、梅の花、餅など供え物、牛玉宝印に包まれた餅が一般の参加者にも配布されます。堂徒式の座席や式次第は古くから決められ、他にみられない厳粛な形式を残しています。

（粟生のおも講と堂徒式保存会）

古式に則り、割り木の板に酒かす・水豆・大根を載せ、おも講の人々を饗応する。

中世の村の仏堂のたたずまいを伝える、茅葺き屋根の吉祥寺薬師堂（国指定重要文化財）。

紀南のお弓神事

お弓神事（お的）は、熊野地域のなかでも串本町から那智勝浦町にかけて分布し、多くの場合は、各地の氏神の年始行事として正月や二月の旧正月の時期に行われます。年頭にあたり農林漁業の豊凶を占い、村の安寧《あんねい》と秩序を保つために大的《おおまと》を射て悪魔を退散させるという神事で、精進潔斎を繰り返した青年たちが村人を代表して的を射ることで、人々がお互いに力を合わせて生きていこうと決意した行事だといえます。

〈串本町のお弓行事〉

串本町潮岬の潮御崎《しおのみさき》神社では一月二日に御弓式が行われ、神職の潮崎家の近くにある的場で神事が執り行われます。お弓は、的は必ず射抜かれねばならぬという考えに基づき、まず初めに神職が大的のすぐ近くから矢を放ちます。続いて、地元の青年のなかから選ばれた二人の「弓頭」が遠く離れた位置から射ます。

一月三日には、同町有田の有田神社の御弓式（御弓座敷的之礼）が行われます。弓射の順序は潮岬とほぼ同じですが、その後の座礼式が独特で、御弓座敷の四方に座した弓頭二人と区長・総代長に、的番と宮番とが「祝いの的を射ました」「御前ならします」と告げ、四座の人々の前に御膳を出します。次いで二重のヒゲコ（粳《うるち》の丸餅）を一組ずつ各座の前に出します。土地ではヒゲコの表に浮き出た米粒は太陽の後光を表すとして、神事の後、ヒゲコに若松の小枝を挿し、白紙の上に載せて今年の的番が来年の的番に渡します。

また同日には、同町姫の天満神社でも御的祭が行われ、二名の若者が的に向かって矢を三回、合計一二本射て、その後氏子たちが的に付いた橙《だいだい》を奪い合います。

一月一五日には、同町串本の潮崎本之宮神社でお的祭りが行われます。的場はかつて大島に面する浜辺にありましたが現在は神社境内で行われ、直径九尺の大的を正副二人の弓頭が二本ずつ矢を射て場所を交替します。矢を二本ずつ射たところで、観衆が的に向かって走り寄り、注連縄に付けた橙を奪い合い、的を破って家に持ち帰り、玄関や軒にさして魔除けとします。

このほか、大島の水門《みなと》神社では二月一一日の水門祭《みなとまつり》（もと一月一五日）でお的神事が行われます。

〈那智勝浦町のお弓行事〉

那智勝浦町では、太田川や那智川流域の各地区で正月行事としてお弓が行われます。

太田川流域では、まず上流部の色川神社で一月二日にお弓神

潮御崎神社のお弓（串本町）：宮司が行う最初の射的は、必ず中心を射抜くために、近距離から大的を狙う習わし。

熊野三所第神社のお弓（那智勝浦町）：足を大きく広げ弓を低く構える独特の射法で、射子たちが大的を狙う。

事と万歳楽が行われます。また一月五日には、口色川の杉本神社においてお弓神事が行われ、行事が終わった後、大的の断片を拾い戸口に立てておくと魔除けになると言い伝えられています。

下流部の下里神社では二月一一日にお弓祭りが行われ、男子中学生六人が射手、二人が矢拾いを務め、直垂に烏帽子姿で五穀豊穣や大漁、無病息災を願って行われます。的の裏には「鬼」と書かれた紙が逆さに貼られています。同町小坂の椙吉《すぎよし》神社でも戦前までお弓行事があり、神社から道を隔てて下方にある弓《ゆみ》田《でん》で行われ、弓役（弓頭）は中洲川の淵で禊ぎをして、白衣に烏帽子姿で的を射たといいます。

一方、那智川流域では、一月一五日に那智山の麓に位置する同町市野々の王子神社のお弓行事が、神社近くの刈田で行われます。大的の裏面中央に墨書した「鬼」字を逆さに貼り、最初に子ども神主が大的のすぐ側から的の真ん中に矢を射ます。ここでも的は必ず射抜かれなければならないものとされています。

二月中旬には、補陀洛山寺《ふだらくさんじ》に隣接する同町浜の宮の熊野三所大神社でお弓祭りが行われます。当地では弓引き役を「射子《いご》」と呼び、「弓太郎《ゆだら》」、「弓太郎分け」、「中弓《なかゆみ》」二人、「弟弓《おとゆみ》」二人の計六人が務め、宵宮には拝殿で夜籠《よごも》りを行い、深夜にふんどし姿になって浜と神社の間を七往復半して、最後に海に入って潮垢離《しおごり》をとります。

本祭は、神前で祭典と獅子舞の奉納があり、威儀を正して拝殿前より行列して境内の周囲を一巡し、鳥居から宮入をします。鳥居前には宮衆が作った大的を建て、六人の射子が二人ずつ出て腰だめで弓を構える独特の射法により各自二射を三巡し、最後に弓太郎と分けの二人が一巡二射して神事を納めます。その後、祭りを見守る人々が大的を壊し、的の端や取り付けられた鯨に似せた「せみ」を奪い合って家に持ち帰ります。

同町天満の天神社は、二月二五日に近い土曜・日曜を祭日としてお弓神事が行われます。弓役の「射子」は、「統侍郎《とうじろう》」、「射《い》太《だ》郎《ら》衆」三人、「初籠《はつごも》り衆」三人（上初《かみはつ》・中初《なかはつ》・弟初《おとはつ》）の七人で構成され、数日前から社務所での精進潔斎が行われます。前日夜には「宵宮の儀」として社務所座敷で亭主役の総代の差配により出席者に礼酒の盃事がすすめられ、謡が奉納されます。式が終わると、初籠り衆は氏神を讃える「箒《ほうき》の舞」と「大文字屋」の踊りを披露し、その後、射子連中はふんどし姿で神社を出発し、浜で潮垢離をとります。

お弓神事当日は、午前中に弓場で大的が立てられ、神前に造り物の松と梅の嶋台が飾られます。昼過ぎには祭りの役人らが神社に集まり、嶋台と射子連中を中心に氏子域を行列して一周し、弓場に揃います。お弓神事は、まず白い式服の統侍郎が大

天満天神社のお弓（那智勝浦町）：参籠所の床の間に飾られたお的と州浜。2台の州浜は、氏神の依り代でもある。

的近くから狙い、中心の星に矢を放ります。次に、射太郎・初籠りの六人が二人ずつ出て、離れた位置より作法に則って大的を狙い、三巡六射の射的を行います。その後、獅子舞の奉納や餅投げも行われます。

天満天神社のお弓：一年の幸福を願う射子の矢がみごと的中すると、周りで見ている氏子から拍手と歓声があがる。

下阿田木神社《しもあたぎじんじゃ》のお弓神事《ゆみしんじ》

日高川町皆瀬、下阿田木神社
和歌山県指定無形民俗文化財

一月三日
JR「御坊」駅よりバスで四〇分　湯浅御坊道路、御坊ICより車で約三五分

日高川の中流域、日高川町皆瀬に鎮座する下阿田木神社は、延喜二二年（九二二）に新宮より熊野権現を勧請し、愛徳山六所権現《あいとくさんろくしょごんげん》とした後、天仁二年（一一〇九）に現社地に遷座したと伝えられ、日高郡内でも指折りの古い神社の一つです。

下阿田木神社お弓神事は、当社の正月行事として年の初めに大的を射て神意を占い、悪魔を祓う神事として伝えられ、一年の除災招福を願い、古式作法に則って大的を射る行事です。

この神事の行司と社人（弓宿）五名は代々氏子を世襲している家で務められ、「オダイトウ」と呼ばれる射手と矢拾い（矢取）は氏子九地区（阿田木・皆瀬・川原河・上越方・下越方・打尾・平岩・原日浦・姉子）の住民から選ばれます。

神事当日の午前中、精進潔斎したオダイトウと矢拾い、宮司・世話人等が阿田木の弓宿（社人宅）に集まります。オダイトウは白丁を着て烏帽子を被った姿でくじを引き、射場での席順と役柄（ユダル：二名、サンヤ：三名、エベス三名）を決定した後、祝い膳につき御神酒をいただいて、昼前に神社へ向けて行列が参進します。

神社に到着すると、お祓いを受けて本殿前に進み、社人・オダイトウ・矢拾いの順番に整列して宮司による祭典に参列した後、西御殿、東御殿などの境内社を巡拝します。その間、各社殿の階《きざはし》には重箱に詰めた神饌のアカホダイ（赤飯）、オシロイモチ（しとぎ）と御神酒を少しずつ供え、最後に参列者にも分けられます。

大的は、桟木を組み白紙を貼り付けた六尺（約二m）四方の形で、中央に墨で黒丸を描いてあります。大的は水田である的場に、射場から一五mほど離れた場所に建てられ、ユダルは二筋ずつ一〇回、サンヤ・エベスは二筋ずつ九回を交替で射るしきたりとなっています。

最後に直径三〇㎝の小的を狙う遠的を二筋ずつ全員で射て、一連の神事を終えます。

（下阿田木神社お弓神事保存会）

お弓神事を前に、オダイトウほか役者全員が御神酒をいただき、心身を清める。

境内脇にある水田を的場にして、白丁姿のオダイトウが古式に随って順番に的を狙う。

色川大野《いろかわおおの》の万歳楽《まんざいらく》

那智勝浦町大野
那智勝浦町指定無形民俗文化財

一月二日
ＪＲ「紀伊勝浦」駅より那智勝浦町営バス色川線で「大野口」バス停下車

那智勝浦町色川大野に位置する色川神社は、京都深草から勧《かん》請《じょう》され、一説には落ち延びてきた平家の落人を祀ったものともいわれますが、川向かいにある大岩壁が御神体とされています。

色川神社のお弓神事は、一月二日（かつては一月四日）に旧色川中学校の校庭で行われます。

行事前日にあたる元日には、色川神社の横を流れる太田川で弓役が禊ぎを行う習わしが伝わっています。翌日の例祭は、弓役六名が二人ずつ出て、まず弓矢を持ち、前屈みの姿勢で円に回る舞を行った後、大的に向かって順に弓を二射ずつ打ち、これを三巡（六射）します。

お弓が終わると、同じ的場で「万歳楽」の謡が奉納されます。色川大野の万歳楽は、中世の翁猿楽の「十二月往来」の詞章を遺している点で貴重なものです。十二月往来はめでたい文句の羅列で、毎月の景物に熊野十二所権現を結びつけて祝言にしている点に特色があります。

万歳楽の役者は、舞手一人、引手　人、叩き手（はやし）二人の計四人で構成されます。先頭に舞手が立ち、次に引手、続いて叩き手二人が左右に並んで床几に座ります。

紺の衣装に立て烏帽子を被った舞手は、一人立ったままの姿勢で紺着物の両袖口をつまんで両手を広げ、「よろこびありとよふうん…」と謡をうたい始めます。その一句ごとに後に控える引手とはやしとが両手を広げ、左右の手を静かに打ち合わせて手拍子を三度打つとともに「まんざいら」と唱え、これを繰り返します。

色川大野の万歳楽の起源は判然としませんが、謡のなかに「千代を経つべき姫小松　君の前なる亀山に…」といった翁舞《おきなまい》独特の言葉や、「後白河法皇の　熊野への　御参詣の　藤白の　王子より…」という当地独特の表現が見られるところから古くから伝えられてきたことが窺われます。

万歳楽の謡は、後半になるにつれ次第に盛り上がりを見せ、最後は声を張り上げるように謡い上げます。

（大野区）

十二月往来の謡をうたう舞手の後ろで、引手とはやしが一句ごとに手を打ち合わせ「まんざいら…」と唱える。

万歳楽の前には、一年の村の安泰を願ってお弓神事が行われる。

大島水門祭《おおしまみなとまつり》

串本町大島、水門神社ほか
和歌山県指定無形民俗文化財

二月第二土曜・日曜日
JR「串本」駅よりバス約二〇分

和歌山県の南端、民謡「串本節」に歌われる串本町大島の水門《みなと》神社で行われる大島水門祭は、地域の安泰や豊漁・商売繁盛を祈念して行われる海の祭礼です。

水門祭は、かつて旧暦一月一五日に行われた小正月の祭りでしたが、現在は毎年二月一一日に近い土曜・日曜日を祭日にして地区をあげて行われます。

前日の宵宮には、大島港の広場中央の「つる」と呼ばれる場所に地区の人々が集まり、四本の柱に青竹や椎の枝を縄でくくり組み上げた巨大な「お山」とよばれる標山《しめやま》を作り、注連縄など各家の正月飾りを納めます。また夜には、若衆による獅子神楽を神社で奉納した後に地区内を巡り、各家の玄関先でお祓いの神楽を舞います。

当日の本祭には、朝から神前に莚を敷き、正装した氏子が集まって古式に則った座礼による祭典が行われ、続いて悪魔退散の「お的の儀」があります。裃姿の弓頭二人が宮司から弓を授かり、大的に向かい矢を二筋ずつ三度場所を交替して射ます。

その後、「大座の儀」として神前で威儀を正した酒礼や料理の振る舞いがあり、余興として獅子神楽が奉納されます。

神社での行事が済むと、唐櫃《からびつ》に納めた御神体を神社から沖に浮かぶ苗我島《みょうがじま》に渡す渡御式が行われます。大島港までは渡御行列を組んだ「神幸の儀」、苗我島へは神事を行う一行を当船に乗せた「船渡御の儀」が行われ、当船《とうぶね》を途中まで警固した隼・鳳の伝馬船から厄除けの餅投げが行われます。その後、伝馬船二隻により大島から串本間の一・八㎞を往復する「櫂伝馬競漕《かいてんまきょうそう》」が行われます。

競漕が終わると、祭事の潔斎を行う神屋敷から肩車された稚児や似士子《にしこ》（奉行に扮した女性）などの役者が登場してお山の周りを巡る「つるの儀」が行われ、化粧をして俄《にわか》を演じる商人が算盤を弾きながら大漁や商売繁盛などおめでたい言葉を滑稽に述べて観客を笑わせます。

苗我島での神事が終わって当船が港に還る際には、お山の前から役者たちが船を迎え招く所作を行い神社へ還幸します。その後、地区の男たちがお山を倒して中に納められた神鏡を奪い合う「お山倒し」や、獅子屋台の練りや神屋敷のお清めの獅子神楽が夜中まで行われ、一日を通じて多彩な行事や儀礼が続きます。

（大島水門祭保存会）

大島港を出発し苗我島に向かう当船を、若衆が漕ぐ2隻の櫂伝馬が途中まで送る。

神事を終えた当舟が大島港に戻ってくると、役者たちはお山の前に並び、扇で舟を招き寄せる「つるの儀」。

紀伊の春は、明るい海が輝きを増し、野山では草木が芽吹き、色とりどりの花が咲く美しい季節になります。温暖な熊野では三月中から田植えが始まるなど農作業も忙しく、漁師たちも春の魚や磯貝を求めて活動的になります。春には地域の安泰や子どもの健康を祈る行事が、各地で行われます。

また七月は夏祭りの季節を迎え、田辺祭や粉河祭、古座の河内祭など、豪華な祭礼が行われます。

第3章 春・夏の祭りと行事

上阿田木神社の春祭(日高川町)／氏子各地区から奉納される紙の花飾りを挿した幟が、祭りの日を彩る。

おとう祭《まつり》

御坊市南塩屋、須佐神社
和歌山県指定無形民俗文化財

三月一〇日
湯浅御坊道路、御坊ICより車で約一〇分

日高地方に春を告げるおとう祭は、御坊市南塩屋の須佐神社に伝わる稚児当人による奉幣神事で、日高地域の当屋行事の伝統を留める古風な神事として貴重なものです。

須佐神社は古くは「武塔天神宮《むとうてんじんぐう》」と称し、山田庄九か村の惣氏神として崇敬を集めました。社伝では、永延年間（九八七〜九八九）に悪蛇（大蛇）が出没して村人の生活を脅かしたので、出雲からヤマタノオロチを退治した武塔天神（素戔嗚尊《すさのおのみこと》）をお祀りしたところ退散したという伝説に始まります。

須佐神社の氏子五地区（南塩屋・森岡、日高郡印南町南谷・切山、明神川）では、地区ごとに一五歳以下の男子（長男）のなかから御籤《くじ》によって「おとう」（当人）が選ばれ、一年間、毎月一日に須佐神社で行う朔日祭に地区を代表して参拝する習わしになっています。そして翌年の三月一〇日には、一年間勤め上げたおとうは裃に侍烏帽子を着けた正装で、氏神に大幣を奉る「おとう祭」に臨みます。

祭の当日、精進潔斎した五地区のおとうは、太刀持ち・榊持ち・家族らを従え、地に足を付けないように駕籠に乗り、それぞれ神社へ参集します。社務所の座敷で全員でお祓いを受けた後、座ごとに御神酒をいただく盃事が行われます。その酒礼の作法は独特で、まず氏子総代が神主に一献進めた後、世襲の座《ざ》頭《がしら》と五地区の座員との間を取り持ちながら、交互に御神酒と黒豆を肴にした盃事を行います。

社務所での儀式が済むと、おとうを背負って長床《ながとこ》（割拝殿）に移動し、荒莚の上に一同が座をなして「長床の儀」の盃事を同様の作法で行います。続いて、本殿左脇の庭に青竹を四方に建て幔幕を張った中に移動し、「白洲の儀」としてさらに盃事を重ねます。

社務所・長床・白洲で合わせて三三九度の盃を交わした一同は、いよいよ本殿へと進み、氏子の安泰と豊作を祈願する奉幣の儀礼を行います。本殿では、宮司による祝詞奏上の後、おとうが一人ずつ神前に座し、宮司から二m近い大幣を受け古式に則って前後左右に三度振り、氏神の威徳に感謝し、氏子の安全と豊作を祈願すると、おとうの背後に控える世話人が三方に洗米と切紙を混ぜた「ハナガラ」を振りまいて清めます。

最後に、座頭と五地区のおとうが玉串を捧げて祭式を終えると、来年度のおとう五人が神前に供えた椎の木に挟んだ大鏡餅を受け取り、各地区に持ち帰って氏子数に切り分け各戸に配り

ます。また、長床の庭では湯立神楽が行われ一年の厄除けと豊作を祈り、氏子に対して餅投げが行われます。（おとう祭保存会）

一年間、神社への月参りを勤めた「おとう」の少年が、最後に神前へ大幣を奉納する。

神事の前には、三度場所を変えながら、祭りの出席者と世話役との間で盃事が重ねられる。

上阿田木神社《かみあたぎじんじゃ》の春祭《はるまつり》

日高川町初湯川、上阿田木神社
和歌山県指定無形民俗文化財

四月二八日・二九日
JR「御坊」駅よりバスで五〇分　湯浅御坊道路、御坊ICより車で約四〇分

上阿田木神社は、平安時代の延長六年（九二八）に寒川大原峰より熊野権現を遷して「上愛徳六社権現《かみあいとくろくしゃごんげん》」を奉祀し、天徳二年（九五八）に社僧仁定が熊野新宮より神宝を譲り受けたとされる日高郡山間部の古社です。

上阿田木神社の春祭は「阿田木祭《あたぎまつり》」とよばれ、かつては旧暦二月一五日に行われていましたが、明治末年から新暦四月一四日に改まり、平成八年から四月二九日が祭日になっています。

また、祭りの組織は、四つの「明《みょう》」という村々の古いまとまりで構成され、古くは明の連合組織による宮座を母体にした世襲の社役人衆を中心にして祭りが執り行われました。

四月二八日の宵宮は、神社境内の神楽殿の床に小袖をかけた御幣が奉られ、昼過ぎから宵宮の「神酒供え式」が神楽殿の広間で行われ、独特の作法で御幣に対して社人が恭しく舞いながら長柄の銚子で御神酒を注ぎます。社人の拝礼が済むと、大太鼓・笛・鼓の囃子にのせて稚児による「八《や》つ八《はち》の舞」と「獅子の舞」が奉納され、続いて祭員に御神酒と食事が饗される直会式があります。その後、祭員は行列をなし御旅所である天神社に向かい、宵宮の渡御式を行います。

翌二九日の本祭には、神楽殿の床に五色の扇を十二枚飾った独特の扇御幣が奉られ、昼過ぎから前日同様に社人による「神酒供え式」と稚児舞が奉納され、直会式が行われます。

直会が済むと、宮幟を先頭にして渡御式が始まり、塩打ち役が日高の浜で汲んだ海水で道筋を清めるなか、各大字の若衆が掲げる花幟が参道の木立の間を時間をかけてゆっくり動き、その後ろを神幸行列が徐々に進んでいきます。神輿の警固として長刀をかざす甲冑武者が先導し、続いて扇御幣・稚児車・神輿・囃子方などが続き、御旅所の天神社へ渡御します。御旅所では、宮司による神事と稚児舞が奉納されます。その後、御旅所まで渡った道を還幸すると、神社本殿前でも稚児舞が奉納されます。

各氏子区からは、色紙の造花で飾った花幟を出して祭りに彩りを添え、祭り最終で行われる「入相踊《いりあいおどり》」の囃子にあわせて花幟を上下に揺らすと、竿頭から切り花が風に乗って美しく舞い散ります。

（阿田木祭保存会）

三人の社人が銚子を捧げ持ち、その場をうやうやしく回りつつ、五色の扇御幣に神酒を注ぐ仕草を繰り返す。

笛・鼓・太鼓による古風な囃子にあわせて、ヤツバチの稚児がその場をゆっくり回りながら舞う。

糸我得生寺《いとがとくしょうじ》の来迎会式《らいごうえしき》

五月一四日
JR「紀伊宮原」駅より南へ一・六㎞

有田市糸我中番、得生寺
和歌山県指定無形民俗文化財

得生寺は、有田市を東西に流れる有田川と南北に通る熊野参詣道とが交差する南側に位置する有田市糸我にあります。この寺はもともと近くの雲雀山《ひばりやま》の山中にあり、奈良時代に右大臣藤《ふじ》原豊成《わらのとよなり》の娘、中将姫《ちゅうじょうひめ》が継母《ままはは》から命を狙われ一三歳から一五歳までを隠棲したと伝えられます。

寺伝によると、中将姫は雲雀山で過ごした後、出家をして大和の當麻寺《たいまでら》で蓮糸の浄土曼荼羅を織り上げ、阿弥陀仏の来迎により極楽浄土に往生したといいます。寺名である「得生」は、雲雀山で中将姫の生活を支えた藤原豊成の家臣、伊藤春時《いとうはるとき》の出家名です。春時が雲雀山に結んだ草庵は、その後、得生寺となり長い歴史の間に何度か移転しますが、江戸時代初めに熊野参詣道沿いの糸我峠の麓にある現在の場所に落ち着きました。

糸我得生寺の来迎会式は、中将姫の命日である五月一四日に行われ、中将姫が阿弥陀仏と二十五菩薩の来迎を得て極楽往生する様子を再現した「練《ね》り供養《くよう》」の行事です。普段は来迎堂に安置される中将姫の像も、この日は本堂の本尊阿弥陀如来立像の前に安置され、堂内を仏具や香花で荘厳し、供養のために食べ物を使って作り物を造形する「百味御膳《ひゃくみごぜん》」が供えられるほか、中将姫の遺徳を偲ぶ和讃の奉唱や琴の演奏、舞踊の奉納など終日和やかに奉納行事が行われます。

糸我得生寺の来迎会式は、今から二〇〇年ほど前の江戸後期に始められましたが、地元では昔から「嫁見するなら糸我の会式、それで会わねば千田祭り」と言われ、お詣りに大勢の人々が訪れる出会いや縁結びの場にもなりました。とくに得生寺の会式は女性からの信仰が深く、女性たちもこの日には晴れ着で参詣したそうです。

午後三時半ごろから来迎会式が始まり、楽講による雅楽が演奏されるなか、西方極楽浄土に見立てた開山堂(法如堂)から本堂に渡された橋がかりに、地蔵菩薩が先導する聖衆来迎《しょうじゅらいごう》の一行が登場します。僧侶が閼伽水を振り、少女たちが中将姫和讃を唱えつつ橋を渡ると、続いて御輿に乗る「通いの弥陀」の前後に配された二十五菩薩が橋を進みます。

諸菩薩を演じるのは地元の小学生たちで、練り供養の菩薩を子どもが可愛らしく演じる、全国的にも珍しい様式を示します。また先導の地蔵菩薩は、地元の女性が務める習わしです。

来迎の一行が本堂に入ると諸仏は内陣に並んで座し、得生寺をはじめ近隣寺院の式衆により中将姫と諸仏に対して盛大な法要が営まれ、幼少より聡明だった中将姫の徳にあやかり、菩薩を演じた子どもたちの健やかな成長をはじめ、地元の人々や参詣者の幸せを祈ります。

（糸我得生寺の来迎会式保存会）

10歳前後の子どもたちが演じる二十五菩薩の来迎。あどけない歩みの中に、仏の浄土が感じられる。

得生寺の本尊阿弥陀如来立像の前には、中将姫の木像が安置され、西方浄土からの来迎を願い待つ。

和《わ》歌祭《かまつり》

和歌山市和歌浦、紀州東照宮ほか

五月中旬

ＪＲ「和歌山」駅・南海「和歌山市」駅よりバスで約三〇分

和歌山市の南部、和歌の浦に鎮座する紀州東照宮は、江戸幕府初代将軍の徳川家康《とくがわいえやす》（東照大権現《とうしょうだいごんげん》）を祀る社として紀州徳川家が元和《げんな》七年（一六二一）に創建しました。地元では「権現《ごんげん》さん」として親しまれる当社の祭礼は、紀州藩と和歌山城下及び和歌の浦の大祭として元和八年（一六二二）から行われ、江戸時代には紀州藩主が台覧《たいらん》する藩の祭礼として和歌の浦を舞台に盛大に行われました。

　その後、明治維新や戦争などで祭りの開催が困難になり、何度も中断せざるを得ない状況になりましたが、そのたびに地元和歌の浦の人々の努力によって復興を成し遂げ、四〇〇年近い歴史を保ちつつ、和歌山城下随一の祭礼として今も親しまれ続けられています。

　かつての和歌祭は、東照宮の祭神である徳川家康の命日である旧暦四月一七日に行われましたが、現在は一月遅れの毎年五月一七日に近い日曜日に行われています。

　当日は、一一時ごろに渡御に参加する人々が境内に集まり、黄金色の東照宮神輿が一〇八段の階段を勇壮に下りる「神輿下ろし」で始まり、その後、目的地である片男波《かたおなみ》の御旅所へのお渡りを行います。その行列は一〇〇〇人規模にもなる長大なもので、神輿の渡御行列を中核にして、さまざまな趣向に富んだ練り物の芸能が、日本遺産にも認定された「和歌の浦」の地を練り歩きます。

　おもな練り物としては、神輿の前後ではげしく打ち鳴らす「摺《すり》鉦《がね》・太鼓」や、薙刀を振り回す「薙刀振《なぎなたふり》」、紅白の巨大な背負い物を「ショーモ、ショーモ（所望、所望）」の掛け声にあわせて勇壮に回す「母衣舞《ほろまい》」、反物の笈を背負い傘を回す「連尺《れんじゃく》」、餅《もち》花傘《はなかさ》を標として鼓や笛の囃子に乗せて餅花踊《もちばなおどり》・団扇太鼓《うちわだいこ》・餅手《もちて》合《あわせ》・杵踊《きねおどり》が合同して餅搗きの様子を踊る「餅搗踊《もちつきおどり》」、大太鼓と鉦にあわせ棒を振る鬼面の忠棒《ただぼう》・請棒《うけぼう》、武者姿の笹羅《ささら》すりが踊る「雑賀踊《さいかおどり》」、龍頭の舳先《へさき》を持つ船形山車で紀州藩伝統の御船歌《おふなうた》が歌われる「唐船《とうぶね》」、能面や鬼面などを被り異様を放つ「面被《めんかぶり》（百面《ひゃくめん》）」などがあり、それぞれの芸を披露して沿道に集まった見物人を楽しませます。

（和歌祭保存会）

和歌祭の練り物行列は、幼児から老人まで参加できる様々な種目がある。写真は、子どもたちによる団扇太鼓の踊り。

東照宮のある権現山の中腹から108段の石段を下す「神輿下ろし」は、和歌祭前半の見どころの一つ。

妙法壇《みょうほうだん》祇園太鼓《ぎおんだいこ》

紀の川市桃山町段、八坂神社
和歌山県指定無形民俗文化財

不定期（以前は七月中旬）
JR「下井坂」駅よりバス約一〇分

和歌山県北部には祇園社《ぎおんしゃ》（八坂神社）が点在し、七月七日から一四日にかけて素朴な夏祭りとして「祇園祭《ぎおんさい》」が行われ、夏に流行る疫病を退散し、子供の健康や地域の安全などを祈ります。

桃の産地として知られる桃山町段には、弘法大師が『法華経』を奉納した埋め石（妙法石）を立てた「妙法壇《みょうほうだん》」があり、その壇上には江戸時代まで牛頭天王《ごずてんのう》が祀られ、後に八坂神社となりました。ここに伝わる「妙法壇祇園太鼓」は、七月七日ごろに行われる八坂神社の祇園祭に奉納される祭礼太鼓として江戸時代中期から伝わるとされます。

この太鼓囃子は、西日本に分布している「祇園太鼓」の一種で、二人一組となり左右非対称の打法を用いて、双方の打ち方が同時に異なった動作を規則的に行うという独特の奏法であり、その曲調が醸し出す雰囲気は格調が高いと定評があります。

また、この妙法祇園太鼓は祭りにおいて氏子の子どもたちが奉納する習わしで、笛や鉦、踊りなどを加えず、あくまで太鼓囃子として受け継がれている点にも特徴があります。

（妙法壇祇園太鼓保存会）

二人一組で、一つの太鼓を太鼓面と側面で巧みに叩き分けながら、即興性の高い囃子を奏でる。

名喜里《なきり》祇園《ぎおん》祭《まつり》の夜見世《よみせ》

田辺市新庄町名喜里、大潟神社
国選択無形民俗文化財

七月一三日
JR「紀伊新庄」駅より徒歩一〇分

名喜里祇園祭の夜見世は、田辺市街地の南に位置する新庄町の名喜里地区に伝えられる行事で、大潟《おおがた》神社の夏祭り（祇園祭）に際して家々が家宝の屏風や什器などを室内に飾り、公開します。

この習俗は「屏風祭り」などと呼ばれて、各地の夏祭りに見られますが、名喜里祇園祭の夜見世は家庭にある身近な素材を利用して、アイディアに富んだ出し物を見せて楽しむ点に特色があります。

現在は、大潟神社に合祀される祇園社の夏祭りの宵宮（七月一三日）に、各家が昔話や伝説、動植物、世相などをモチーフに、季節の野菜、樹木の葉や種子、草花、食料品や日常家庭用品などの素材を用いて製作し、家の軒先や玄関先に飾り付けてその出来映えを見せ合い、互いに楽しむ行事です。

「夜見世」とは、各家が毎年趣向を凝らして作る「作り物」を見せることであり、毎年祇園さんが近づくと、地区の人々は早くから創意と機知をめぐらし、構想を温める一方、それぞれの作品に対する批評を聴くのがこの上なく楽しみであったといいます。

天王橋あたりから大潟神社の鳥居あたりまでの約四〇〇mの家並み沿いに飾られ、夕刻から夜にかけて地元や近隣から多くの見物客が往来して賑わいます。

名喜里祇園祭の夜見世は、野菜を用いる点からも農村的な要素を含んでいますが、町の通りは熊野参詣道の大辺路《おおへち》の一部でもあり、西牟婁郡の中心地である旧田辺城下町から少し離れた新庄村の在郷町人に伝えられた、この地方としては珍しい行事となっています。

（名喜里町内会）

その年に何を出すかは、夜見世の日の夕方まで隣近所の人にも内緒にして、それぞれの出来映えや工夫を楽しむ。

粉河祭《こかわまつり》

紀の川市粉河、粉河産土神社ほか
和歌山県指定無形民俗文化財
七月最終土曜日・日曜日
JR「粉河」駅よりすぐ

粉河祭は、西国三十三所観音巡礼・第三番札所の粉河寺門前町を中心に行われる紀ノ川筋最大の祭礼です。

この祭りは、粉河寺の鎮守社である粉河産土神社《こかわうぶすなじんじゃ》と、その本《もと》宮《みや》の一つである上丹生谷《かみにゅうや》の丹生神社《にうじんじゃ》の合同による祭礼で、古くは観音菩薩の縁日である旧暦六月一八日を祭日とし「粉河寺六月会」と呼ばれましたが、戦後になり新暦七月下旬に祭礼日が改められました。

粉河産土神社は、社伝によると延暦《えんりゃく》年間（七八二〜八〇六）に丹生谷から丹生明神を、東野（同市）から若一王子権現《にゃくいちおうじごんげん》を粉河寺の鎮守として勧請《かんじょう》したのが始まりとされ、粉河寺と一体化した「たのもしの宮」として地域住民の崇敬を集めてきました。

粉河祭の特色は、粉河寺周辺の村々を中心に組織された宮座や講が祭礼の役割を分担し、二社三基の神輿渡御《みこしとぎょ》の行列に各座講の使いとして稚児を供奉させる「渡御式《とぎょしき》」と、江戸中期より発展した粉河寺門前の町々が奉仕する「だんじり（車楽）」の行事があることで、中世以来の渡《わた》り物《もの》神事と近世以降に発展する山・鉾・屋台行事という、時代の異なる二つの祭礼要素が併存・合体している珍しい祭りです。

このうち渡御式では、保延《ほうえん》四年（一一三八）に公家の徳大寺家から粉河寺に領地として寄進された栗栖荘《くるすのしょう》（和歌山市栗栖）にある栗栖座《くるすざ》から、赤い衣装を身に着け、山鳥の尾羽を刺し、幣を垂らした独特の大笠を被った馬上稚児「栗栖の一つ物」を出し、神幸行列を先導することが知られています。また、渡御式の行列には、衣冠束帯姿の五位《ごい》（右馬頭《うまのかみ》）の稚児が騎乗する松井座《まついざ》・丹生谷座《にゅうやざ》、立烏帽子《たてえぼし》に甲冑を着た随兵《ずいひょう》役の稚児を出す伯市講《はくいちこう》、毎年作られる二枚の粉河大団扇、垂髪の童子が肩車されて渡る藤井・中山の方衆座《ほうじゅうざ》、白丁姿に八《や》つ目草鞋《めわらじ》を履き神輿の威儀を正す中津川座《なかつがわざ》、明治末になって行列に加わった観音講《かんのんこう》と風猛講《ふうもうこう》などが従います。

一方、粉河祭のだんじりは、傘の柱上から「餅花」とよばれる竹を細長く割って枝垂れ状に広げたダシ飾りを付け、傘の下に大きな六角行燈を備えています。また、町によっては武者絵や雲龍など豪華な刺繍の緞帳をかざり、観客の目を楽しませます。

だんじりは、粉河寺門前の各だんじり町の若い衆が中心となり、本祭前夜の宵宮を中心に、提灯に火を灯して夕暮れから「トンマカ、トンマカ、トトマカ、トンマカ…」などと太鼓と鉦を

粉河祭の渡御式は、独特の笠をかぶった「栗栖のヒトツモノ」が先頭を行かなければ、後の行列が進まないしきたり。

打って囃し、夜を徹して門前通りを勢いよく運行させ、夏祭りの雰囲気を高めます。また、本祭の日には通りにだんじりを整列させて、御旅所に向けて粉河寺を出発する渡御式の行列に対して祭礼の威儀を正します。

（粉河祭保存会）

竹の餅花を建てただんじり同士が通りを行き違う光景が、粉河祭を彩るだんじりのもっとも美しい瞬間。

田辺祭《たなべまつり》

田辺市東陽、闘雞神社ほか
和歌山県指定無形民俗文化財

七月二四日・二五日
JR「紀伊田辺」駅より徒歩一〇分

田辺祭は、世界遺産「紀伊山地の霊場と参詣道」の構成要素である闘雞《とうけい》神社の例大祭で、一名「笠鉾《かさほこ》祭」とも呼ばれます。

闘雞神社は、社伝によると允恭《いんぎょう》天皇八年に熊野権現を勧請した「新熊野権現社《いまくまのごんげんしゃ》」と伝えられ、『平家物語』には平安末期の源平合戦に際して、熊野別当の湛増《たんぞう》が紅白の鶏を闘わせ占った結果、源氏方となり壇ノ浦の合戦に参加し勝利したことが記され、社号の由来になっています。

田辺祭は、もとは旧暦六月二四日・二五日でしたが、明治四〇年（一九〇七）から新暦七月の祭礼となり二日間にわたって営まれます。慶長五年（一六〇〇）に浅野幸長《あさのよしなが》が紀伊領主に封ぜられ、重臣浅野左衛門佐《あさのさえもんすけ》が田辺に配された時に新熊野権現《いまくまのごんげん》の祭礼の再興を図りました。元和五年（一六一九）に徳川頼宣《とくがわよりのぶ》が新たに紀州藩主となり、附家老《つけがろう》の安藤直次《あんどうなおつぐ》を田辺領主として城下町を漸次整備しましたが、その頃に祭礼も整えられ近郷にも稀な大祭となりました。

祭礼初日の七月二四日は、朝の神幸式の後、御旅所に向けて七町内八基の笠鉾（お笠）が参入します。御旅所のある江川の潮垢離浜《しおごりはま》への渡御は、神輿に供奉して各町の笠鉾が続いて行列します。御旅所では神輿に対して祭典が執行され、流鏑馬《やぶさめ》や江川の住矢《すみや》・各町の笠鉾の拝礼を受けます。それらが終わると、神幸列は神社へ引き返し還御《かんぎょ》となります。

江川の住矢は、いわゆる傘鉾の一種ですが、祭礼中では非常に格式を持つものとして位置付けられ、住む町々を矢の如く走り祓い清めるとの意味があり、住矢の先導がないと笠鉾は動くことが出来ない習わしで、笠鉾の巡行には必ず先頭を進みます。

笠鉾（お笠）は、上屋に御神体である人形等を乗せた車屋台で、屋台の中では太鼓・笛・三味線などで「お笠囃子」を演奏します。町中の当番宿や小社の前では「お勤め」と称して、裃姿の町総代が御神歌を謡い、華やかな衣裳の稚児が太鼓と笛で先囃子を奉納します。夕刻には、闘雞神社の参道に笠鉾が曳き揃えられ、宵闇の中、鳥居前の勤めが行われます。

翌七月二五日は、早暁五時から「暁《あかつき》の神事」が行われ、神官・伶人・氏子総代・各町総代らが参集して神前祭が営まれます。

正午には、各町の笠鉾が旧会津橋の東詰に集合し、西詰に江川の住矢と笠鉾が待機し、本町側から使者を出して七度半の使いによる「住矢の迎え」の儀礼を行います。七往復半目に橋の中央で両町が出会って住矢を渡し、各笠鉾が橋勤めを行った後、町内を曳き回します。

同日夕刻には闘雞神社の参道に笠鉾が曳き揃えられ、午後七時頃から宮入りします。最初に住矢が神前で拝礼し、笠の男松が引き抜かれると、直後に住矢は馬場に走り出て一隅で「笠やぶち」（住矢の解体）を行い、江川の宿へ持ち帰ります。次いで、各町の笠鉾も順次神前勤めが行われ、得意の囃子を奉納します。その後、鳥居前において流鏑馬行事が行われ、乗り子三人が馬上から鳥居に向かい三三九度の弓射による「除魔の儀」を勤めると、境内に待機していた笠鉾は人形などを解体し、笠幕を取り外して、神社を後におのおの曳き別れをします。（田辺祭保存会）

田辺祭の夕方、闘雞神社の参道に氏子の町々の「お笠」がそろうと、一斉に提灯に明かりが灯される。

田辺祭の「鳥居前勤め」では、最初に先頭の住矢が闘雞神社の馬場道を全速力で走り抜ける「住矢の走り」がある。

河内祭《こうちまつり》の御舟行事《みふねぎょうじ》

串本町・古座川町、古座神社、河内神社
国指定重要無形民俗文化財

七月第四土曜日・日曜日
JR「古座」駅より古座川を約一㎞遡上

河内祭の御舟行事は、古座川町から串本町古座を流れる古座川を舞台に、七月下旬に盛大に開かれます。

宵宮は、午後三時から串本町古座の古座神社で「入舟式《いりふねしき》」が営まれ、「河内大明神」と揮毫された三枚の神額に神霊をうつし、港で待機する三艘の御舟に掲げられ、その後海に出て潮俗みの神事を行います。

鯨舟を祭礼船に仕立てた「御舟《みふね》」は、色鮮やかな陣幕や提灯、笹飾りや吹き流しなどで飾られ、河口から約三㎞上流に位置する「河内様《こおったま》」と呼ばれる河内島（清暑島）まで船渡御をします。

河内島を目前に祭場を設けた串本町古田地区では夜に宵宮式が営まれ、提灯に明かりを点した三艘の御舟が河内島の周りをゆっくりと三周ずつ回り、御舟謡を朗々と歌いながら夜半過ぎまで夜籠もりします。一方、獅子舞伝馬は十二竿灯を掲げ、笛・太鼓で囃しながら古田の川原まで川を遡って獅子舞を奉納し、古田もまた夜に川原で獅子を舞います。

翌日の本祭の朝、古座から当舟を先頭に櫂伝馬・獅子伝馬が川を上り、その後へ見物の屋形船が続いて河内島へ向かいます。この日の主役は、漁家から選ばれた童女一人、童男二人の「ショウロウ様」で、彼らは三日間古座神社に籠もって精進潔斎し、移動は肩車により土を踏まず、当舟に乗って祭場の川原で仮屋に入り、海に向かって座ります。古座の氏子達がお賽銭を上げて拝む様は、さながら生き神様です。

一〇時過ぎ、各地区の舟や屋台が出揃い、それぞれの場所から河内島に向かって祝詞を奏上し、所定の場所で獅子舞を奉納します。獅子舞の様式は、いずれも伊勢太神楽系いわゆる古座流獅子で、「幣の舞」「乱獅子」「剣の舞」を基調とし、一〇曲前後を演じますが、ここでも天狗に扮する童女が花形となって観衆の賞賛を受けます。

獅子舞が終わると、各区のテントの中で直会をしますが、高池ではこの日の料理にシビの焼物とトビウオの干物と川エビ、梅干しが必要で、この四品が揃わなければ祭りにならないと言われます。他の地区でも、カシワ鮨が欠かせぬ祭りのご馳走となっています。

祭りの最後を飾るのは、センゴウ（船合・戦合）と呼ばれる三隻の櫂伝馬による競漕で、古座の上・中・下の三地区の若者達によって競われます。

（古座川河内祭保存会）（古座獅子舞保存会）

色鮮やかな幔幕や飾り旗を付けた御舟が、古座川の透き通った水面に映える。

古座の獅子舞は、幕をしぼり繊細に舞う「しな獅子」と、幕を広げて激しく舞う「荒獅子」の対比が見どころ。

岩倉《いわくら》流《りゅう》泳法《えいほう》

和歌山市内
和歌山県指定無形民俗文化財

七月下旬〜八月中
JR「和歌山」駅よりバス約三〇分「秋葉山」バス停下車（秋葉山プール）

江戸時代から和歌山城下に伝わった「岩倉流泳法」は、宝永七年（一七一〇）に紀州徳川家五代藩主徳川吉宗（後の江戸幕府八代将軍）が、家臣の岩倉郷助重昌《しげまさ》を紀州藩士の水芸指南役に任命したことに始まります。以来、明治維新の後も岩倉宗家を中心に流儀の技芸が受け継がれ、和歌山市を拠点にして泳法の保存と普及が行われてきました。

岩倉流泳法は、江戸時代の紀州藩の水芸より発展した古式泳法として「平泳ぎ」・「立ち泳ぎ」・「水《す》入《い》り」を基本として、「鯱《しゃら》泳《およ》ぎ」、「浮き身」などのほか、水中から飛び跳ねる「跳飛術《ちょうひじゅつ》」を伝えることを流儀の特徴としています。

このほか、代表的な種目には、太刀を持ったまま水に浸けないように泳ぐ「太刀泳ぎ」、泳いだまま扇子を開き後ろ手に泳ぐ「虫泳ぎ」、立ち泳ぎのままで火縄銃を撃つ「水中発砲」、よろいを着用したまま泳ぐ「甲冑泳《かっちゅうおよ》ぎ」、大旗の合図により甲冑武者を先頭に刀・弓・槍、鉄砲などを持った者が行列してその後を泳ぐ「御旗奉行《おんはたぶぎょう》」、前後の速度を保ちつつ花傘を持って行列する

水面上に高く飛び跳ねる「いな飛び」は、岩倉流の最も基本になる泳法の一つ。

「紀伊の花」など、約四〇種の泳法を伝承しています。

昭和三二年（一九五七）には、岩倉流泳法保存会を設立して流儀の保存・伝承に努めており、現在は日本水泳連盟が公認する日本泳法一二流派の一つとして、和歌山県を代表する古武術の一つとなっています。

岩倉流が伝承する泳法は、それぞれ心身の鍛錬のため、水中での護身や休養、時に溺者の救助などに活用でき、年齢・状況に応じた泳ぎを習得します。毎年夏には、和歌山市内のプールにおいて「和歌山水練学校」を開催して、幼児から八〇歳代までの会員が「和歌山の泳ぎ」の習得に励み、模範演技の公開なども行っています。


（岩倉流泳法保存会）

甲冑武者の行列に見立てた「御旗奉行」は、代々の家元が鎧兜を着て泳ぎの手本を伝えてきた。

北山川《きたやまがわ》の筏《いかだ》流《なが》し技術《ぎじゅつ》

北山村下尾井
和歌山県指定無形民俗文化財

五月～一〇月
JR「熊野市」駅より北山村宮バスで六〇分

北山川の筏流し技術は、昭和三〇年代まで、大台ケ原を源流とする北山川水系および熊野川において行われた伝統的な木材流送の技術です。

北山川は、風光明媚な瀞峡《どろきょう》を経て熊野川に合流し、河口の新宮市街に達します。この流域の山で伐採された木材は、修羅《しゅら》や木馬《きんま》で川の近くに土場に集積された後、そこで七床から一二床ほどの筏に編まれました。完成した筏は、北山村の筏師が棹《さお》や櫂《かい》を操りながら急峻な北山川の渓谷を下り、新宮の貯木場へと送られました。

北山川の筏流しの技術は、「筏を組む技術」と「筏を流す技術」の二つに大別されます。伝統的な筏の製作方法は、丸太の両端にメガという穴を空け、ヒノキのネジ木を通して連結させた「メガ組み」と、木材ごとに鎹《かすがい》を打って固定させ、ノタリとよばれる藤蔓《ふじづる》とねじ木で連結した「カン組み」の二種類があります。

一方、筏を流す技術は、北山川の地形を熟知した筏師が棹《さお》と櫂《かい》を用いる独自の方法を伝えています。急流では川筋を的確に読み、要所にある岩場を突くなどして方向を換え、水深のある流れの緩やかな所では櫂で漕ぐなどして進みます。

河川を利用した木材の流送は、昭和三〇年代以降、道路網整備によるトラック輸送への転換や大規模なダム開発によって全国的に衰退し、北山川水系では昭和三八年五月の筏流しが最後となりました。しかし、その技術は昭和五四年より開始した「観光筏下り」に引き継がれ、今日なお保存・継承されています。

（北山川筏流し保存会）

奇巌の多い北山川渓谷を、今は村の観光資源となった筏が進む。

北山川渓谷を筏が進む。

有田川《ありだがわ》の鵜飼《うかい》

有田市・有田川町
和歌山県指定無形民俗文化財

不定期(以前は六月～八月)
有田市宮原の場合、JR「紀伊宮原」駅より車で約一〇分

有田川の鵜飼は、六月から盛夏にかけて日没後の有田川で鮎を獲る漁法の一つとして、有田川下流域で受け継がれてきました。

伝承によると、室町時代中期(一五世紀前半)に石垣城主の子であった石垣教重が、美濃国犬山辺りにいた木曽川の漁師が川中で鵜を操り鮎を捕らえる様子を見て、その漁師を有田に連れ帰り、技術を伝えたのが始まりとされています。江戸後期には、『紀伊国名所図会』に鵜飼の図が描かれるなど、有田川の夏の風物詩として広く知られる存在でした。

有田川の鵜飼は、春先に海岸の岩礁で捕らえた一羽のウミウを、鵜匠《うしょう》が自宅の屋敷内に建てたウーシャ(鵜舎)で飼い慣らすことから始まります。初夏を迎えると、夕方に一羽ずつ鵜籠に入れて淵のある渓流に運び、鵜匠自らが川の中に入って、右手に松明を持ち、左手で手縄をさばきながら縄に繋いだ鵜を川に放ち、漁を行いました。鮎を追って潜行するウに、鵜匠は松明の火をかざし、水中で驚いた鮎を息を合わせて獲りました。

漁期が終わると、来年の春に新たな鵜を獲るおとりを残して、秋に放鳥しました。

鵜匠一人に一羽の鵜を使う「徒鵜飼《かちうかい》」の技術は、日本に一、二箇所しか残っていない全国的にも珍しい漁法で、有田川町(旧金屋町)周辺に暮らす鵜匠の家筋において代々受け継がれてきました。鵜飼漁の古い形態を遺す有田川の鵜飼は、とくに昭和三〇年代以降、有田川の夏の風情をかもし出す「観光鵜飼」として親しまれながら継続してきました。

(有田川鵜飼協同組合)

漁のあいだに鵜の世話をする時には、手持ちの松明を口にくわえて作業を行う。

立神《たちがみ》の雨乞踊《あまごいおど》り

海南市下津町引尾、立神社
和歌山県指定無形民俗文化財
不定期（以前は八月）
JR「加茂郷」駅より東南へ六km

海南市下津町引尾地区は、蔵出しみかんの産地の一つですが、かつては稲作の用水に不足した地域で、当地の氏神である立神社に雨の神を祀り、干ばつの際には同社の氏子である引尾・笠畑・奥・百垣内の四地区の人々が雨乞踊りを奉納しました。

立神の雨乞踊りは、烏帽子裃姿に軍配を持つシンボチ（新発意）と、ふさ（紙）を垂らした一文字笠をかぶり、手に扇子を持った踊り子、音頭と太鼓打ち・鉦打ちの囃子方で構成されています。

まずシンボチが神前で雨乞い祈願の口上を述べ、進行に合わせて「入葉《いりは》踊り」「立神踊り」「お庭踊り」「雨踊り」「十七踊り」「小桜踊り」「俄《にわか》踊り」「弥之助《やのすけ》踊り」など多種の踊りを奉納します。

立神の雨乞い踊りは、もとは干ばつの時に限り踊られたもので、明治二六年を最後に長く踊られていませんでした。しかし、第二次大戦後になって地元の女子青年団が古老から習うかたちで復活され、その後も中断と復活を繰り返してきました。

踊り歌は、江戸中期に流行した歌の特徴を示し、雨乞いに関する歌詞が盛り込まれています。また、踊りの振りにも雨が降る様が示される点が特徴になっています。（立神の雨乞踊り保存会）

かつては氏子が総出して降雨を祈った雨乞踊り。踊りのふりつけにも雨が降るしぐさが表現される。

大窪《おおくぼ》の笠踊《かさおど》り

海南市下津町大窪、木村神社
和歌山県指定無形民俗文化財

七月中旬、一〇月第二日曜
ＪＲ「加茂郷」駅より東南へ六㎞

海南市下津町の松尾山（海抜二五〇ｍ）の山腹に位置する大窪地区は、近年、日本農業遺産に登録された「下津蔵出しミカン」やビワなど果物の産地として知られる地域にあります。

高地に広がる集落であるために河川もなく、かつては棚田の用水を谷川の水に頼る度合が高く、たびたび干ばつの被害に苦しんだ地域でしたが、祭りでは芝居や義太夫なども奉納され、芸能の盛んな地域でした。

大窪の笠踊りは、「里神《さとがみ》」へ、雨乞いの祈願または祈願成就の御礼として奉納された風流踊りです。雨乞いの踊りは、江戸中期頃より干ばつのたびに行われたと考えられ、踊り子が揃いの菅笠を被るために「笠踊り」と呼ばれました。

大窪で雨乞い祈願のために踊られたのは、昭和二六年八月の干ばつが最後となりました。かつては男性のみの踊りでしたが、その後、昭和四七年に地元の青年団により踊りが復活されて以降は、女性も踊り子に加わり、木村神社の秋祭などで奉納されるようになりました。

踊りの構成は、まず「いりは踊り」の歌と囃子にのせて、神官姿で笹と「雨水」と書いた唐団扇《とうちわ》を持ったシンボチ（新発意）を先頭に、浴衣に角帯、草履履きで、縁に色短冊を垂らした桧笠を被った踊り子たちが扇子を持って境内に踊り込みます。

次に、シンボチが、神前に向かい「東西東西、南北ともに、御神妙に御座候ぞ…」と雨乞いの祝詞を里神様に申し上げ、続いて踊りの口上をシンボチが述べると、囃子方が「インヤーオーハー、ハー（テンテンテン）」と囃しながら締太鼓・鉦を打つ素朴な囃子に合わせて、音頭取りが踊り歌を謡いつつ、踊り子たちが扇子を手に、輪になって踊りを奉納します。

大窪に伝わる踊りは、「にはか踊り」「絵島踊り」「かやや踊り」の三曲が伝わり、江戸中期に流行した踊り歌が基本となっています。いずれも、袖をゆったりと広げ、足を踏み込んだり、高く上げるなど、体を大きく使った振りで踊る点に特徴があります。

（大窪の笠踊り保存会）

雨乞いを祈る神官姿のシンボチを先頭に、踊り子たちが境内に練りこむ「いりは踊り」。

「雨水」と書いた扇を手に、体を大きく使う所作で踊るのが、大窪の笠踊りの特徴。

八月はお盆の季節。年に一度、先祖の霊を家にお迎えして食べ物や茶湯を供え、墓参りをして亡き人を偲びます。
和歌山のお盆の風景は、祖先を供養するさまざまな風習が各地に伝わり、世代を超えてその伝統が大切に守られています。
また、提灯に明かりを灯して、夕刻から夜更けまで行われる盆踊りも盛んで、地域ごとに個性のある踊りが地元の人々に親しまれています。

第4章　お盆の行事と芸能

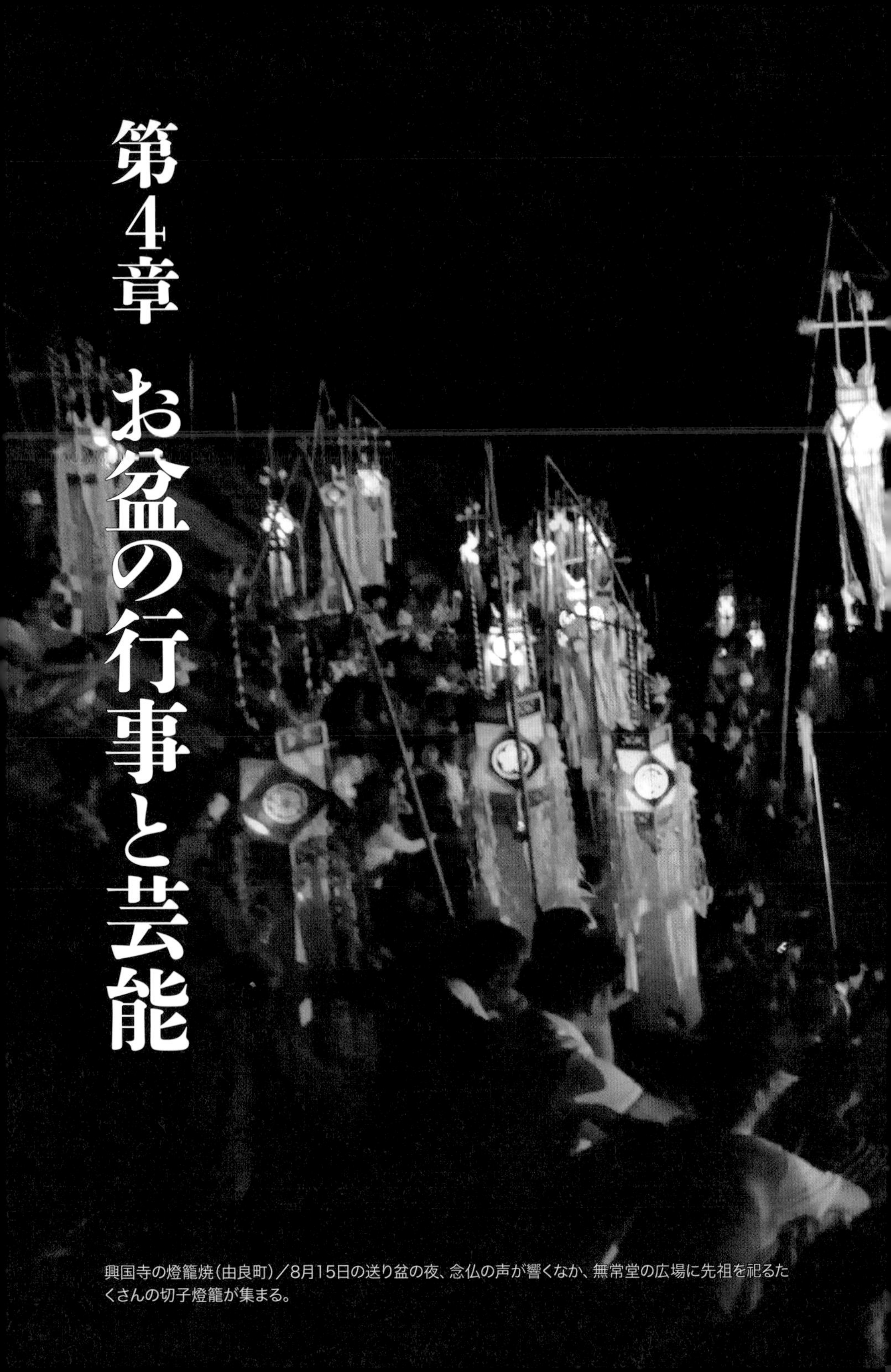

興国寺の燈籠焼（由良町）／8月15日の送り盆の夜、念仏の声が響くなか、無常堂の広場に先祖を祀るたくさんの切子燈籠が集まる。

興国寺《こうこくじ》の燈籠焼《とうろうやき》

由良町門前、興国寺
和歌山県指定無形民俗文化財

八月一五日
JR「由良」駅より徒歩約一五分

　「由良の開山」と呼ばれる興国寺（臨済宗妙心寺派）は、鎌倉時代の禅僧・法燈国師覚心《ほっとうこくしかくしん》（一二〇七〜一二九八）が開山であり、毎年盆の八月一五日には深夜に送り盆の行事として「燈籠焼」が盛大に行われます。

　興国寺の燈籠焼は、八月一四日朝から六斎念仏衆が、地区の七ヶ所で独特の念仏を唱えて回り、まず講宿において「師遍《しへん》」と「六斎念仏《ろくさいねんぶつ》」を唱え、次に伊賀田《いがた》墓地に移動して「姫子《ひめこ》」と「六斎念仏」、その後、国道側の伏拝《ふしおがみ》地蔵では「六斎念仏」、無《む》常堂《じょうどう》墓地では「姫子」と「六斎念仏」を唱えます。また、燈籠焼を行う無常堂に近い墓地では「六斎念仏」、興国寺境内の浪人墓地では「姫子」と「六斎念仏」、興国寺の無縁墓地では「六斎念仏」を唱えます。その後、依頼のあった初盆の家において「ゆずり念仏」を唱えて供養を行います。

　燈籠焼が行われる一五日の早朝には、門前地区が四班に分かれて大松明のドヨウ作りが行われます。ドヨウは、四mほどの長さのシダを円筒形にし、竹で補強して、笹で青々に化粧し荒縄で括った重さ一五〇kgほどの大松明です。各班では昼頃に完成させ、四本のドヨウが山門の脇に立て並べられます。

　同日午後二時からは、興国寺の本堂に檀家らが集まり、施餓《せが》鬼会《きえ》の法要が営まれた後、燈籠焼の準備に入ります。本堂の内には、高さ五mの大きな開山燈籠《かいさんどうろう》が飾られ、六斎念仏衆が鉦を叩き本尊に向かって「師遍《しへん》」「六斎念仏」を唱えて供養します。

　夜になると、初盆や年忌に家々で作られ、盆の棚に飾られていた手作りの切子燈籠を手に人々が寺に集まります。持ち寄ってくる燈籠は一〇〇基近くになり、法要の灯火が開山燈籠に移されると、各家の切子燈籠にも分けられます。午後八時から六斎念仏衆を先頭に「送り念仏」を唱えながら、本堂の周りをゆっくり三周回り、その後、行列は境内を出発して、燈籠焼を行う無常堂《むじょうどう》に向かいます。

　無常堂の「かま場」という広場では、一〇数人の子どもが焚き火を中心に円陣になり、送り念仏の節回しにあわせて両手に手松明を振りまわし、勇躍旋回を繰り返す松明踊りを踊ります。続いて、各班の若衆により「ドヨウ（大松明）担ぎ」が披露されます。火のついた四本のドヨウが順に若者に担がれ、それぞれカマ場を三周して担ぎ技を披露すると、最終的に火床に組まれ、いよいよ炎が大きくなります。

　やがて、送り念仏が唱えられるなか開山燈籠が火床に投げ入れられたのを合図に各家の切子燈籠が次々と投げ込まれ、炎は数十mの高さに燃え上がります。午前一時頃に仕上げの念仏として「あらたま」が唱えられ、燈籠焼の行事は終了します。

（興国寺燈籠焼保存会）

4基の大松明が火床に積まれると、最初にひときわ大きい開山燈籠が焚き上げられ、次々に燈籠が炎に投げ入れられる。

燈籠焼きの前には、門前地区の若衆4組がそれぞれ大松明「ドヨウ」を担いで力技をくらべる。

六斎念仏《ろくさいねんぶつ》

日高郡みなべ町晩稲、光明寺
和歌山県指定無形民俗文化財
不定期（以前は八月一四日～二三日）
JR「南部」駅よりバスで約一〇分

みなべ町晩稲《おしね》は、旧南部川村の南東部に位置する丘陵に位置し、中世には高野山領南部荘に属しました。

ここではお盆の諸精霊を供養する六斎念仏が、晩稲の光明寺（西山浄土宗）を中心に行われています。この念仏は、江戸時代に旅の僧である六十六部廻国聖《ろくじゅうろくぶかいこくひじり》から習い覚えたといわれ、昭和初期までは晩稲の下ノ尾《しものお》集落にある薬師堂を拠点に、地元の若衆で組織された六斎念仏講《ろくさいねんぶつこう》により行事が勤められましたが、現在は初老以上の男性により継承されています。

晩稲の六斎念仏には、現在では「四方拝（いざら）」「六字訓《ろくじくん》」「七つ子《ななご》」「賽の河原《さいのかわら》」「山ごもり」五曲の念仏が唱えられ、そのほかに旋律は失われ詞章のみ残る「身売り《みうり》」が伝わります。

ここの念仏は、高野山麓に伝わる南無阿弥陀仏の繰り返しで構成される六斎念仏とは異なり、物語的性格のある和讃のような詞章を唱える「語る念仏」で、曲の前後に一、二度だけ六字名号を挟みながら唱える点に特徴があります。念仏は、屋内でも野外でも座るかたちで、三足鉦を叩きながら唱えられますが、以前は「立ち念仏」であったともいわれます。

お盆の八月一四日は、早朝から念仏衆が光明寺を出発して、涼しい間に晩稲地区内の上ノ尾、大谷、常楽、下ノ尾の四ヵ所の埋墓（すてばか）を回り、念仏曲の「いざら」を唱えます。最後に、下ノ尾の新仏の家で「六字訓」を唱え終えます。

この日は昼までに五ヵ所を回り、同日の夕方からは再び光明寺に集まって、境内の英霊堂で「いざら」を唱え、その後、同じ境内の地蔵堂で「七つ子」、本堂で「六字訓」を唱え、観音堂で「いざら」を唱えてそれぞれ供養します。

八月一六日には、夕方から下ノ尾の薬師堂に念仏衆が集まり、「山ごもり」などの念仏を唱えます。翌一七日には、常楽の庚申と観音堂、二〇日には黒津の大師堂でも念仏が唱えられます。

八月二三日の夕方からは、光明寺で地蔵盆がおこなわれ、講員が寺に集まって境内の地蔵堂で「賽の河原」を唱え、本堂で「いざら」を唱えます。

以前は、盆以外の春秋の彼岸会にも光明寺で六斎念仏が唱えられ、村全体の祖霊を念仏の功徳によって丁重に供養する行事が行われました。

（六斎念仏保存会）

六十六部が伝えた晩稲の六斎念仏は、仏の教えや説話を交えながら念仏の功徳が唱えられる。

盆のあいだ、念仏衆は地区内の仏堂や墓地をまわって、村の安泰を願って念仏供養を行う。

下川上《しもかわかみ》の流《なが》れ施餓鬼《せがき》

田辺市下川上
和歌山県指定無形民俗文化財

八月一五日
南紀田辺ICより車で約四〇分、国道三一一号線、鮎川新橋より富里方面へ

下川上の流れ施餓鬼は、田辺市大塔地域を流れる日置川《ひきがわ》の支流安川《やすかわ》で、毎年八月一五日に行われる、お盆の精霊流《しょうろうなが》しの行事です。

先祖の霊は、家の仏壇で祀られますが、新仏《しんぼとけ》は「あらみたま」として荒々しく不安定な魂であるとされ、座敷や床の間、縁側、軒先などに別に棚を設けて祀ります。当地では、新仏は他の先祖よりも早く迎えて、遅く送る習わしで、盆月の一日または七日頃から高燈籠や提灯をかかげ、家に特別に祭壇を設けて花や供物を供えて、丁寧に供養してきました。

下川上の流れ施餓鬼には、行事に際して麦わらを使った大きな精霊舟《しょうろうぶね》（施餓鬼舟《せがきぶね》）が製作され、八月一五日の早朝から舟作りが始まります。青竹で舟の骨組を作り、麦わら三〇〇束ほどを使って、長さ約九m、幅約一・二mの施餓鬼舟を作ります。舟の中には、肩に竿を担いだ身長約二mの船頭を模したわら人形が乗せられ、竿の先に初盆の家の盆燈籠が吊り下げられます。

日没に近い午後六時頃、舟を横付けした安川の河原において、地元の法伝寺（曹洞宗）の住職による施餓鬼会の法要が営まれます。読経や焼香の後、舟に新仏の位牌や供物が運び込まれ、その後、舟に火が付けられると、家族らに見守られるなか安川に施餓鬼舟が流されます。

肩に竿を担いだ船頭を模したわら人形。

この行事は、文化五年（一八〇八）の大水害で、当地で丸太流しの出稼ぎの人や村人が大勢亡くなり、当時の法伝寺の住職が盆の供養として始めたと伝えられます。

流れ施餓鬼は、一時中断した時代もありましたが、明治初期にも流行り病で死者が相次いだため、明治六年（一八七三）に復興され、祖霊や諸精霊を村人たちが力を合わせて丁重に供養し、あの世に送り還す意義から、今日まで続けられてきました。

（下川上愛郷会）

8月15日の日暮れ時、安川のほとりで精霊舟を供養する光景は、夏の終わりを感じさせる。

安川の河原に、送り火がついた精霊舟が浮かべられ、先祖や諸精霊とともに送られる。

大辺路《おおへち》沿いの柱松《はしらまつ》行事

八月一五日～二三日

柱松行事は、主にお盆の前後に行われ、死者を供養し、霊魂を鎮め慰めることによって、海上安全や大漁を願う行事です。とくに熊野参詣道の大辺路《おおへち》沿いには、「あげ松明」「投げ松明」などと呼び、大松明の上部にあるわら籠などに小松明を投げ上げ、火を付ける行事が多く分布します。あげ松明は、盆の祖霊祭の火であり、卜占《ぼくせん》のために松明を投げ上げるとされました。

新宮市佐野の柱松は、八月一六日前後の日に、秋津野の浜（もと房州殿の芝）に高さ二〇数mの松柱を用意し、その頂上に二mほどの球形の籠を取り付け、御幣を飾ります。夕刻、神事の後、若者達が木遣り節《きやぶし》と太鼓に合わせて柱を建てます。佐野の柱松は、害虫を除き五穀豊穣を祈る雨乞いの祭礼と伝えられています。

新宮市熊野川町宮井の柱松は、八月一五日晩、若宮神社前を流れる熊野川の河原に杉の木を建て、頂上の籠に鉋屑《かんなくず》や花火を取り付け、そこにシュロの縄紐をつけた松明を投げ上げます。宮井の柱松行事は、祖霊の迎え火、送り火と同じ性格をもっていました。

那智勝浦町二河《にこう》の投げ松明は、八月二三日に金剛院の裏山で行われます。本堂の燈火を庭の点け木につけ、これを各自の投げ松明に移し、裏山に駆け上がり杉木立の間に張った高さ一四、五mの針金に投げかける行事で、地蔵盆の供養として始まったと伝えられています。

太地町太地の柱松は、八月一四日を迎え火、八月一五日を送り火として、二晩かけて太地港の東の浜で行われます。長さ一五mの柱の上に、直径八〇cmのわら籠を付け、人力で柱を引き起こした後、松明を投げ上げます。松明が入って燃えだすと、下から火のついた松明（引来松）を綱で引き上げ、ともに燃やし、建てる前とは逆方向に柱松を倒します。

すさみ町佐本の柱松は、天明年間（一七八一～一七八九）の夏に、悪病が流行して村民が多く死亡したため、盆に高火を揚げるので疫病が流行らないようにと願掛けをしたことから始まったとされています。毎年八月一六日の日没後、太鼓を合図に火を点けた松明を頭上に掲げ、柱松の周囲を右回りに三巡し、再度太鼓が鳴らされて投げ始めます。

田辺市湊の柱松は、お盆の終わりに夜空を飾る夏の風物詩でした。この行事は古い歴史を持ち、田辺城下町の片町の漁師、とくに若者達によって伝統が守られてきました。柱松は、高さ二〇m余りあり、その先端に枯松葉を詰め込んだ籠を取り付け、その頂上には御幣が立てられます。柱はかつて船の帆柱を用いたようで、一本の木でした。柱起こしはなかなかの難作業で、音頭取りが唄い、囃子をつけ皆でかけ声を出して力の結集を図りました。

柱松の頂上めがけて投げ揚げる松明は、元は割箸状の肥松の束をそのまま投げましたが、明治以後に針金の輪に肥松を詰め込み、縄で振り上げる「ほり松」になりました。

ほかにも北山村の柱松は、三〇m位の高さの柱を建て、先にわらで作った松明を付けておき、二〇㎝位に揃えた松の木を束にして、紐を付けて投げ上げ、松明に火を付けるのを競いました。昭和時代の末頃には盆踊りとともに柱松を行っていました。

佐野の柱松（新宮市）：20m以上ある柱の上にある籠へ、縄に括った松明をふり回して投げ上げる。

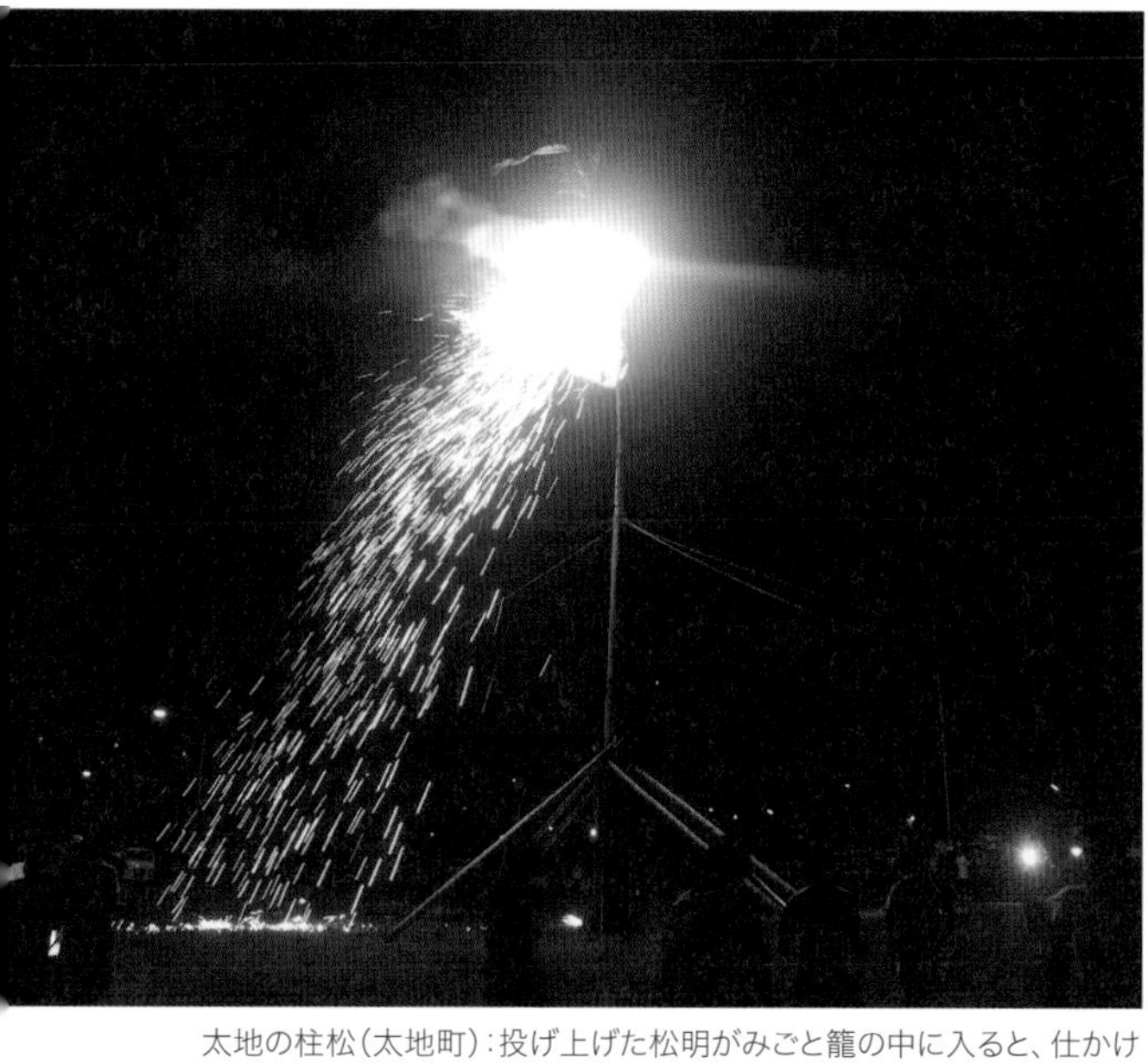

太地の柱松（太地町）：投げ上げた松明がみごと籠の中に入ると、仕かけ花火に点火される。

団七踊《だんしちおどり》

和歌山市西、西熊野神社
和歌山県指定無形民俗文化財

八月一四日
和歌山電鐵貴志川線「交通センター前」駅より北東へ徒歩一〇分

和歌山市の東部、岡崎地区に伝承された団七踊は、享保八年（一七二三）に奥州仙台藩主・伊達家の家老であった白石城主・片倉小十郎《かたくらこじゅうろう》の領内で実際に起こった仇討ち事件を題材にした歌舞伎芝居を、口説き音頭に仕立てた盆踊りです。

「白石噺《しろいしばなし》」と呼ばれるこの物語は、寛政一三年（一六三六）七月のある日、奥州白石郡坂戸村に住む百姓の与太郎《よたろう》が、娘一人と共に田の草取りをしていたところ、田の草の泥がたまたま白石藩の代官・志賀団七《しがのだんしち》の袴にかかったことで、父の与太郎が無礼討《ぶれいうち》にされ、相次いで母も病死したことで、悲しみに暮れた娘の宮城野《みやぎの》・信夫《しのぶ》の姉妹が、父の無念を晴らそうと江戸に出て、随一の武芸者として知られた由井正雪の門弟となって修行を積み、苦労の末みごとに仇討ちを果たしたという内容です。

この物語は、「碁太平記白石噺《いごたいへいきしろいしばなし》」として浄瑠璃や歌舞伎芝居の脚本として書き下ろされ、安永九年（一七八〇）一月に江戸森田座で初演されました。当時、紀州徳川家の参勤交代に随行した岡崎の郷士が江戸でこの芝居を観劇し、その感動を口説き音頭と踊りに仕組んで、団七踊を編み出したと言われています。

「白石噺」は、当時庶民の絶大な人気を呼び、この物語をもとにした踊りや芝居が日本各地に伝わりました。その数は現在も一〇〇近いとされていますが、岡崎の団七踊は、近畿地方でも類例の少ない踊りといえます。

岡崎の団七踊は、由井正雪の道場で練習にはげむ妹・信夫を表現した「さらし踊」、薙刀《なぎなた》の練習をする姉・宮城野を表現した「薙刀踊」、そして団七・宮城野・信夫役が三人一組になって仇討ち場面を表した「団七踊」の三部構成になっています。

とくに「団七踊」は、拍子木を打ち「東西東西、コーリャコリャ団七ようく聞け…」「いざ尋常に、勝負勝負と勇んでかかれ」という芝居がかった口上の後、音頭取りの口説きと鉦・太鼓・拍子木の囃子にあわせて三人が並んで踊ります。団七役の力強く豪快な刀さばきや、宮城野役が薙刀を鮮やかに振り回す姿、信夫役が後ろざまに団七の刀を鎖鎌《くさりがま》で受ける姿などが、踊りの見どころになっています。

（岡崎団七踊保存会）

刀をもつ団七役を挟んで、薙刀をもつ宮城野役、鎖鎌をもつ信夫役が交互に団七に挑む。

「さらし踊」・「薙刀踊」の踊り歌は、「松づくし」や「日高川安珍清姫」などの口説き音頭が歌われる。

塩《しお》津《つ》のいな踊《おどり》

海南市下津町塩津
和歌山県指定無形民俗文化財

八月一五日
JR「加茂郷」駅よりコミュニティバス(戸坂線)「塩津」バス停下車

塩津のいな踊は、和歌浦湾に面する海南市下津町塩津に伝承された、海の香りのするいかにも漁師町らしい盆踊りです。

塩津浦は、江戸時代の和歌山における海運業の要衝であるとともにイワシ網など瀬戸内や関東へ出漁した網漁の基地として栄えました。

寛永一九年(一六四八)には、氏神である蛭子神社を奉祀する四八軒の宮座衆によってイナ(ボラの幼魚)の定置網が新設され、毎年冬季に入江に回遊してくるイナを、浦いっぱいに敷いた網で一網打尽に獲るイナ網漁が行われました。浦をあげて漁が行われる様子は、江戸後期の『紀伊国名所図会』にも描かれています。

この時のイナを獲る動作を取り入れ、大漁祈願を込めて盆踊りに踊られるようになったのが「いな踊」の起源だとされています。

毎年八月のお盆には、広場で盛大に盆踊りが催され、当地の人々がこぞって踊りに参加しました。とくに不漁の年には、いな踊りを踊ると豊漁になるといわれ、そのため、かつて塩津浦から西日本、関東方面へ出漁した漁師たちも、盆が近づくとそれぞれ出稼ぎ地から帰郷して、夜明けまで踊ったといいます。

いな踊の音頭取りは、盆踊りの櫓の上で、縁打ちを多用する太鼓と鉦のテンポにのせて、七・七の文句をつないだ口説き調の音頭を朗々と歌い上げ、歌い尻に合わせて囃し方が相の手を入れ、音頭の歌う口説きの末句を繰り返して、威勢よくかけあうように歌います。

踊りの振りは、定置網の中でイナが勢いよくはね踊るかのような、元気のいい踊りを基本とし、力強く素手を振り上げ踊る「手踊り」のほかに、両手に日の丸扇を持って踊る「扇踊り」、男女二人一組で踊る「姿見踊り」などがあり、そのほか毛槍や櫂などを振るっての踊りもあり、漁村ならではの趣向に富んだ踊りを披露します。

(塩津のいな踊保存会)

手踊りや日の丸扇、櫂を手に持ち、一つの音頭で数種類の踊りが同時に踊られる。

櫓の上では、音頭取りが踊りを見ながら雰囲気に合った文句を選んで歌う。

熊野《くまの》の盆踊《ぼんおど》り

八月一三日〜一五日

熊野地方のなかでも、田辺市本宮町から奈良県十津川村にかけての一帯は、各地区において盆踊りが大変盛んに行われてきた地域です。

この地域の踊りの特色は、一つの地区で一〇曲から二〇曲のレパートリーをもち、伴奏は締太鼓だけで音頭や掛け合いで歌い、曲ごとに振りを替えて踊ることです。踊りは手踊りのほか、日の丸扇をヒラリと翻しながら踊ることも多く、素朴ななかにも躍動感のある多彩な踊りが特徴になっています。

大瀬《おおぜ》の太鼓踊《たいこおどり》

田辺市本宮町大瀬
国記録選択無形民俗文化財

不定期(以前は八月一五日)
JR紀勢本線「紀伊田辺」駅より路線バス「大瀬」バス停下車

大瀬の太鼓踊は、毎年八月に田辺市本宮町大瀬地区の盆行事に、踊られていた一曲です。

大瀬は、四村川沿いにある林業を中心とした山あいの村ですが、お盆には山の中腹にある「踊り堂」とも呼ばれた吉祥院観音堂のなかにたくさんの盆提灯を吊して踊り、とくに本尊の馬頭観音の縁日には「十七夜の踊り」として夜を徹して踊ったものでした。

大瀬の盆踊りには時代ごとに新たな曲を取り入れるなどして、約四〇曲の踊りが伝わったと言いますが、現在も太鼓踊のほかに「さいこのさ」「笠くずし」「ひんやそれ」など二〇曲以上の盆踊りが伝承されてきました。そのなかでも、太鼓踊は同地区だけの踊りとして大切にされています。

太鼓踊りの構成は、数人の太鼓打ちが輪の中央で締太鼓を首から吊して拍子を取り、二本の撥をさばきながら力強く打ち踊ります。また、その周りを両手に日の丸扇を持った踊り子たちが取り囲んで、小刻みに踏み込みながら優雅でしなやかな扇踊りを踊ります。音頭取りはその側に立って歌います。

大瀬の太鼓踊は、速さの違う四つの踊りで構成される点に特徴があります。はじめの「お庭参り」は入場の踊りとしてゆるやかに、次の「ヘンヨウ」からは「走り」という少し速いテンポに変化します。つづく「しんのび踊り」は「中走り」でさらに速くなり、最後の「おたか踊り」では「大走り」になって最も早いテンポで踊るなど、次第に盛り上がっていきます。

大瀬の盆踊りは、地区住民と出身者を中心に踊りの伝承に努めてきましたが、近年、地域の高齢化・過疎化により音頭や踊り手がいなくなり継承が難しくなっています。このため、本宮地区の有志や小学生を中心に結成した伝統芸能教室で踊りを習い、本宮全体の踊りとして後世に伝える努力がなされています。

（大瀬太鼓踊保存会）

太鼓打ちを中央に、その周りを扇踊りが取り囲んだ太鼓踊り（熊野本宮大社にて）。

4つの踊りが進むにつれて、しだいにテンポが早くなり、動きが激しくなる。

伏《ふし》拝《おがみ》の盆《ぼん》踊《おどり》

田辺市本宮町伏拝
和歌山県指定無形民俗文化財

不定期(以前は八月一三日～一五日、二三日)
JR紀勢本線「紀伊田辺」駅より路線バス「熊野本宮道の駅」バス停下車

本宮町の北部に位置する伏拝地区は、集落の間を熊野参詣道が通り、山腹から眼下に熊野本宮大社を遥拝することの出来る伏拝王子があることでも知られています。

伏拝の盆踊も、他地区と同じく、江戸時代より踊りが盛んになる過程で、さまざまな踊り歌が入り込み、独自の踊りが作られました。かつては二〇曲以上の踊りが残されていましたが、現在も一〇曲余りの歌と踊りを伝承しています。

八月一三日から一五日の間には、地区の公民館前の広場を会場にして、帰省者も含めて盛大に盆踊りが催され、その一年に亡くなった新仏を祭る盆提灯を吊して飾り、集まった人々が合同で礼拝し、その前で供養のための盆踊りを奉納します。

伏拝の盆踊は、静かな摺り足を基本とし、振りも余り大きくなく、音頭と太鼓のみでゆっくり踊ることを特徴としています。なかでも、横並びになって二本の日の丸扇を使って踊る「伊勢音頭」や、二人が向かい合い相撲の仕草を入れて踊る「相撲取り踊」、棒の両端に紅白のふさを付けたホロを持って踊る「五尺いよこ踊」などは、地区の古い踊りとして大切にされ、盆の供養や八月二三日の地蔵盆に踊られます。

(伏拝盆踊保存会)

日の丸扇を両手に持ち、ゆったりと踊る「伊勢音頭」。伏拝の盆踊りは、時代ごとに持ち込まれた曲目が多い。

平治川《へいじがわ》の長刀踊《なぎなたおどり》

田辺市本宮町木宮
和歌山県指定無形民俗文化財

不定期（以前は八月一三日、一五日）
ＪＲ紀勢本線「紀伊田辺」駅より路線バス「本宮大社前」バス停下車

平治川の長刀踊は、毎年お盆の八月一五日に本宮町内でも山深い所にあった平治川地区に伝承された盆踊りの一つです。

踊りの由来は、源平合戦に敗れ、当地に落ち延びた平家の落ち武者たちが、山深い平治川に安住の地を求めて転入した後、先祖の霊を慰める踊りとして始められたと伝えられています。

長刀踊に歌われる歌詞は、屋島合戦の折の「那須与一扇の的」の物語を口説き踊りとして仕組んだもので、もとは源氏方と平家方に分かれた男女の踊りでしたが、現在は音頭取りと太鼓打ちが男性で、踊り子は女性がつとめています。

浴衣に袴姿の踊り子たちは、額に鉢巻きを締め、源平を表す紅白のたすきをそれぞれかけ、手に小型の長刀を持って踊ります。太鼓打ちがかける「アリャヨーオイ、ヨーオイ、ヨイヤーナー」の囃しにのせて、音頭取りが「功名づくしの下野の国、那須の与一の誉れの次第…」と口説きを歌います。

踊り子たちは、長刀を水平に振り上げ、また振り下ろし、小脇に抱えて振り上げるなどの動作を繰り返します。また、山あいの狭い踊り場で踊られたため、輪踊りでなく一列になって立ち踊る形式であることも特徴になっています。

（平治川長刀踊保存会）

長刀に付いた紅白のふさが、源氏と平家の役柄を分ける。

萩《はぎ》の餅搗《もちつき》踊《おどり》

田辺市本宮町伏拝
和歌山県指定無形民俗文化財

不定期（以前は八月一四日、一五日）
JR紀勢本線「紀伊田辺」駅より路線バス「熊野本宮道の駅」バス停下車

田辺市本宮町伏拝の萩地区は、かつて十津川郷から熊野川を下る筏《いかだ》流しの中継地として栄え、この地域の物資流通の中心地として町場的な雰囲気を備えた土地です。また、熊野本宮大社の奥の院ともいわれる奈良県十津川村の玉置山《たまきさん》（玉置神社）の南参詣道の入口でもあり、当地の餅搗踊は、奥熊野の人々の玉置山への篤い信仰の思いから、豊年の喜びを讃える踊りとして奉納されたのが始まりとされています。

餅搗踊は、玉置山周辺のいくつかの村に伝承されていますが、萩の餅搗踊は、明治末期に同じく玉置山への登山口である十津川村武蔵の人が萩に移住した際に伝えたもので、もとは玉置神社への祝い踊りとしてあったものがお盆に踊られるようになり、萩地区の代表的な盆踊りの曲目となりました。

餅搗踊は、まず踊り場の中央に木臼を据え、音頭取りが手に持つ締太鼓を叩きながら伊勢音頭を歌いつつ先陣を切り、次に女性のコシキ取り・イカキ取りが各一名、続いて搗き手の男性が一〇名ほどそれぞれ竪杵《たてぎね》代わりの綾棒を持って踊り込んでいきます。さらに、その後に両手に日の丸扇を持った大勢の踊り子が踊り場を取り囲んで、木臼を中心に三重の円陣が出来ると、「オンヨー祝いめでたの（ソリャ）若松様よ…」という餅つき歌に合わせて、餅を搗く所作を演じます。

踊りの輪は、内側の搗き手とコシキ・イカキ取りが、音頭に合わせて弾むように交互に入れ替わりながら踊りを続け、その外側を踊り子が日の丸扇を採って踊ります。

ひと通り踊りが終わると、今度は音頭が数え歌となり、「一に俵をふんまえて、二でニッコリ笑うて…」と歌い踊りながら退場します。

（萩餅搗踊保存会）

踊り場の中心に臼を据えて、杵がわりのふさ棒を搗いて、餅つきを表現する。

お夏《なつ》清十郎《せいじゅうろう》踊《おど》り

田辺市本宮町土河屋
和歌山県指定無形民俗文化財
不定期（以前は八月一四日、一五日）
JR紀勢本線「紀伊田辺」駅より路線バス「土河屋」バス停下車

田辺市本宮町の最北端に位置する土河屋《つちごや》地区は、北の奈良県十津川村と接する村で、かつては筏流しの土場として十津川・大塔村方面から管流しできた木材を筏に組み、当地の筏師たちが乗って新宮までの間を流送しました。

お夏清十郎踊りは、寛文年間（一六六一～一六七二）に播州姫路の城下町にあった宿屋但馬屋の娘お夏と番頭の清十郎が駆け落ちをして捕らえられた悲恋物語を井原西鶴や近松門左衛門が脚色し、芝居になった演目を後に踊りにしたものです。この踊りは、江戸末期に土河屋へ伝えられたとされますが、一説には明治になって大阪から伝わったとも言われています。

踊りは、男女各一名の音頭に合わせて、男・女がそれぞれ一列ずつに分かれて踊り、男性は頭に赤い鉢巻きを締め、左手に締太鼓、右手に紅白の布を巻いた桴《ばち》を持って太鼓を打ちながら踊り、女性は鳥追笠《とりおいがさ》を被って日の丸扇を一本取って踊ります。

盆踊りが盛んだった土河屋は、かつては旧暦七月の七日盆から八月一日の八朔《はっさく》まで、地元の龍門寺の境内で毎晩踊ったといいます。このため、お夏清十郎踊りのほかにも、生業だった筏流しを題材にした「川ほり踊り」や、江戸時代の流行歌である「江島踊り」、昭和初期にレコードで大流行した「東京音頭」を日の丸扇を使った独自の振りで踊るなど、数多くの踊りのレパートリーを持っています。

（お夏清十郎踊保存会）

男は太鼓を打って豪快に、女は編笠を被りしとやかに、各一列になってお夏清十郎の悲恋物語を踊る。

櫂踊《かいおどり》

東牟婁郡那智勝浦町浜ノ宮
和歌山県指定無形民俗文化財
不定期（以前は盆踊り開催時期）
JR紀勢本線「那智」駅より徒歩五分

熊野灘の那智海岸に面した浜ノ宮は、かつて熊野九十九王子の一つとして浜ノ宮王子があった所で、那智山への登り口に位置し、王子跡に立つ熊野三所大神社と補陀洛渡海で知られる補陀洛山寺が隣接し、ともに世界遺産に登録されています。

この浜ノ宮地区に古くから伝わる櫂踊は、大正時代までは、補陀洛山寺で行われたお盆の供養踊りとして踊られていたもので、男は船の櫂を持った櫂踊を、女は菅笠をもった笠踊を踊りました。

櫂踊の起源については、神武東征の折に丹敷浜《にしきはま》へ迎えた神武天皇を慰めるため漁夫達が踊ったものとか、源平合戦の時に源氏方に加勢した熊野水軍が戦勝の祝いとして踊ったなど、さまざまな伝説がありますが、いずれも催かな根拠はなく不明のままです。

櫂踊の衣装は、濃紺の腹掛けの上に、㊉の轡紋《くつわ》が入った印伴《しるしはん》天《てん》をはおり、腰巻きと帯を締め、潮除けの腰蓑を着け、頭には㊉の白鉢巻きをして、六尺の櫂を持った出で立ちで、寺社奉行の早舟の漕ぎ手を勤めた浜の宮の漁夫の気概が示されています。

踊りは、太鼓・笛・鉦の囃子にあわせて音頭取りが口説き調の音頭を歌い、はじめは櫂を肩にして静かに足をさばく踊り、次に櫂を手に持ち替え素早く構え、首から振り下ろす踊りとなり、後半は二人が一組になって掛け声をかけて櫂を打ち合いながら勇壮に踊ります。

（浜の宮郷土芸能保存会）

波しぶきを除ける腰みのを着け、櫂をあざやかにさばく振付が櫂踊りの見どころ。

一《いち》ノ瀬《せ》大踊《おおおどり》

西牟婁郡上富田町市ノ瀬
和歌山県指定無形民俗文化財
不定期
JR「朝来」駅よりバス、「市ノ瀬」バス停下車、徒歩一五分

富田川《とんだがわ》沿いにある上富田町市ノ瀬は、熊野詣の旅人が熊野に分け入るために最初にみそぎをした川瀬であった「一ノ瀬」があり、川から山を少し上った小高い場所に熊野九十九王子の一つである一ノ瀬王子跡があります。

一ノ瀬大踊の始まりは、室町時代の永禄年間（一五五八～一五七〇）に、当地を治めた領主の山本氏の家督争いで戦勝した山本主膳正康忠を祝う踊りとして、また豊臣秀吉の紀州征伐をうけ、藤堂高虎により天正一四年（一五八六）に滅ぼされて以降は、山本康忠とその一族を弔い、供養するために踊ったと言われています。

踊りは、踊り手の男女が円陣になり、輪の中央に香炉を置いて焚き、その左右に高張り提灯を据えて供養の祭壇とします。踊り手の衣裳は、ともに浴衣に鳥追笠《とりおいがさ》を被り、草履履きですが、男性は腰に刀を一本差します。先頭の踊り手は小太鼓を打ち鳴らし、女性はササラを摺り、男性は〇に一文字を書いた大団扇を両手に持って、ゆっくりと静かに踊りの歩を進めます。

長い歳月の間に、衣裳や持ち物に変化がありますが、踊りの歌詞は哀調を帯び、中世後期の踊り歌の雰囲気を保っており、紀南地域に伝わった古い風流踊りの形態を残しています。

一ノ瀬大踊の奉納は、現在は不定期に行われていますが、地元の小学校では毎年保存会の人から踊りの歴史について学び、運動会でこの踊りを全校生徒で踊るなど、次の世代への伝承が努められています。

（一ノ瀬大踊保存会）

ひときわ大きな団扇と、竹のスリザサラが、風流踊りとしての古風を伝える。

真言密教の霊場・高野山の周辺地域は、江戸時代まで高野山領であったことから、村の生活のなかに独自の仏教文化が深く浸透し、古い時代の村の組織や行事が伝えられてきました。

正月のオコナイや御田、夏の笹囃子や風流踊、猿楽能の影響がみられる仮面の芸能など、今に伝わる伝統行事や芸能は、高野山の僧侶や参詣のために訪れた人々がもたらした仏教文化を背景にして、室町時代以前までさかのぼるものが多く、地域の歴史を示す貴重な存在でもあります。

第5章 高野山周辺の行事と芸能

天野の御田祭（かつらぎ町）／丹生都比売神社で、高野山麓にある村々の豊作を祈る予祝行事。

高野山の諸行事

伊都郡高野町高野山

真言密教の霊場である高野山には、ここだけに伝えられた秘密秘伝の行事があります。

春と秋に行われる「結縁灌頂《けちえんかんじょう》」は高野山の秘儀とされ、壇上伽藍の金堂で行われます。

金堂の扉を閉めた暗闇のなか「おんさんまやさとばん」と唱えて内陣に入り、曼荼羅《まんだら》の上に手に挟んだ花を投げ、落ちた仏が守り本尊となります。その後「血脈《けちみゃく》」といって、弘法大師からの法灯を受け継いだ証明書を受けて金堂を出ます。

このほか、一月の「修正会《しゅしょうえ》」、二月の「常楽会《じょうらくえ》（涅槃会《ねはんえ》）」、三月の「御影供《みえく》」をはじめ、大晦日の龍光院の「御幣納め」などが、麓の村々の行事にも影響を与えました。

高野山の壇上伽藍（左から、御影堂・根本大塔・三鈷の松）

高野山麓の村のオコナイ

一月〜旧正月(二月)

正月にあたって村人が集まり神仏を共同で祈願する儀礼は、近畿地方の各地にみられますが、とくに高野山麓の集落には、濃い密度で分布しています。

とくに、紀北地域の山間部の村の多くでは、集落の仏堂で「オコナイ」がかつて行われました。

オコナイは、村の安全や幸福を祈願する正月の予祝儀礼です。高野山では「修正会《しゅしょうえ》」と呼ばれ、金堂と奥の院燈籠堂で元日から三日間、根本大塔でも三日から、一山の僧侶により法要が勤められます。この正月の修正会が、高野山麓の村々ではオコナイとして僧侶を招いて法要を営む行事として残っており、この地域の寺の住職は、いくつかの集落の堂のオコナイを行うため、正月の間は各集落を駆け回る日々がしばらく続きます。

オコナイの基本的な式次第は、高野山の修正会とも共通した要素がありますが、中世からの伝統

橋本市賢堂・定福寺のオコナイ：年頭に一年の幸福を神仏へ祈り、頭に牛玉宝印を授かる。

を引き継ぐ儀礼もあり、古風な仏事が伝承されています。

　オコナイの一環とみられる、大晦日に行われる高野山龍光院の「御幣《ごへい》納め」は、信者が大松明を、僧侶が御幣を持ち明神社に向かいます。御幣は、壇上伽藍にある明神社に納められ、除夜の鐘が鳴り出します。松明は持ち帰り、火が消され、松三宝にお神酒が供えられるのが、その年の正月始めとなります。

　同じ時刻、かつらぎ町花園梁瀬《はなぞのやなせ》の下花園神社では、「たい松押し」が行われます。地区の人たちが作った大松明に御神火が灯ると、若衆がこれを担ぎ上げて境内を三周します。境内での行事が終わると、用意された小松明に火が分けられ、人々は行列を組んで松明を左右に振りながら石段を下り、各家に御神火を持ち帰り、神棚などに供えます。

　花園梁瀬のオコナイは、旧正月四日の「初夜《しょや》」と八日の「後《ご》夜《や》」に分けておこなわれました。現在は、「花園の御田舞」に先立って、オコナイの初夜作法にあたる「初夜の舞」、「千輪祭文《ちわのさいもん》」の読み上げ、魔除けの「矢突《やつ》き」などが一連の作法として行われます。これに続く御田の舞は、修正会の法要の最後に行われた「延年《えんねん》」の一種だと考えられます。

オコナイの祈禱が終わると護符に仏の法力を示した宝印をおした「牛玉宝印」が檀家に配られる。

かつらぎ町花園梁瀬・遍照寺のオコナイ。修正会の荘厳として、須弥壇に鏡餅や削り花が飾られる。「花園の御田舞」の前に法要が営まれる。

天野《あまの》の御田祭《おんだまつり》

かつらぎ町上天野、丹生都比売神社
和歌山県指定無形民俗文化財

一月第三日曜日
JR「笠田」駅よりコミュニティバス(三〇分)「丹生都比売神社前」バス停下車

世界遺産に登録される丹生都比売《にうつひめ》神社に古くから伝わる「天野の御田祭」は、その年の五穀豊穣・豊年満作を御田の神に祈願する行事として、同社の楼門（重要文化財）の下を舞台にして行われます。

天野社《あまのしゃ》（丹生都比売神社）の御田が、文献上にはじめて現れるのは、高野山勧学院文書「山王院長床衆山上山下雑記」（文明八年・一四七六）で、同社の修正会《しゅしょうえ》において御田行事が行われていたことが記されています。

江戸時代には、正月一四日の正午ごろに社家が衣装を着けて天野社に出仕し、本殿御扉《みとびら》を開き、お供えして、高野山行人方の僧の読経に続き、御田が行われました。天野の御田は、天野社の神楽男《かぐらお》と八乙女《やおとめ》が務め、八乙女は早乙女《さおとめ》役の少女を名代に出し、僧と社家は御田を見物しました。その後、境内の山王堂で修正会が勤められ、法要が終わると福杖《ふくづえ》が授与されるという神と仏が混在する行事でした。

明治初期の神仏分離により、天野社と高野山との関係が一旦解消させられ、財政が破綻するなかで社家組織も消滅しましたが、その後も地元に住む旧社家によって、御田の神事芸能だけが残されました。

現在の御田祭は、神前に設けた祭壇の神籬《ひもろぎ》に神職が御田の神を迎え祀り、翁《おきな》面の「田人《たびと》」と黒尉《くろじょう》面の「牛飼《うしかい》」が台詞をかけ合い、一連の稲作の様子を狂言風に演じます。

次第は、田人が牛飼に「今日は最上吉日なるにより、あげ田くぼ田の事始めをいたさばやと思い候はいかに…」という問いかける問答に始まり、神前での祭文読み、鍬と鋤を用いて畦をはつり、牛の「一石《いちこく》」を呼び寄せて、手綱を取ってユーモラスに牛の引き回しを行います。

続いて、田人の呼び寄せにより、田植子役の「早乙女」や、田植え時の昼飯を運ぶ「田《た》づ女《め》」、田植え休みの神酒を出す女面の「礼《れい》の坊《ぼう》」などが登場し、それぞれユーモラスなかけあいをしながら観客を笑わせ、田植えのおめでたい雰囲気を演じます。

その後、場面は収穫の秋を迎え、田人と牛飼が鎌と稲わらを手に採り「大わらや、千ぃぢから…」と唱えつつ稲刈りの所作を行い、神々に今年奉納する稲の作柄を言上します。

御田祭では、周辺の農家が山に自生するイモギの木を「福杖」として持ち寄り、楼門前に供えました。この杖は、御田祭の後に牛王宝印、福の種ともに持ち帰り、一月一五日の小正月に、福の種を混ぜた小豆粥を食し、畑の柿の木にも粥を供え、「ナラナキロ、ナラナキロ、元から末までなりましょう」と唱えて福杖で柿の木を叩き、豊作を祈りました。

(天野の御田祭保存会)

丹生都比売神社の楼門下を田に見立て、田人は「一粒万倍…」と唱えながら種もみを蒔く。

秋の実りに感謝し「大わらや、千ぃぢから…」と唱えつつ、田人と牛飼がそろって稲刈りを行う。

嵯峨谷《さがたに》の神踊《こおどり》

橋本市高野口町嵯峨谷、若宮八幡宮
和歌山県指定無形民俗文化財

八月一五日
JR「中飯降」駅より北へ五・八km

和泉山脈の南山腹、標高四〇〇m近い位置にある嵯峨谷では、八月一五日に若宮八幡宮の境内で神踊を奉納します。若宮八幡宮への道行きは、観音寺から若衆たちが行列を組んで八幡宮に向かいます。行列は、「笹囃子《ささばやし》」の太鼓に合わせて、先頭を行く二人の若者が薙刀を打合せて練り込み、その後を若衆たちがついて進みます。

境内では、入場曲である「入りは」が踊られ、その後の踊りの進行は、差配役のシンポチ（新発意）が口上を述べて進めます。嵯峨谷では、踊り子を若衆が務め、地方《じかた》の二人が歌方を務めます。これらはもと雨乞いの風流踊《ふりゅうおど》りの様式からとったとみられます。

踊り始めは、新発意役の踊り子が色短冊を飾った笹木を八幡宮の神前に捧げ持ち、「東西東西、また東西、当村氏神様へ〇〇様より、家内安全五穀豊穣の笹ばやし願籠《がんこ》めを致され、本日若連中相集まり、その願満《がんみ》たしを致しとうございますが、ときにときに、何踊りがようございましょう」と口上を述べると、音頭取りから「〇〇踊りがようござりましょう」と声がかかり、踊りの奉納に移ります。

神踊の曲目は、「入りは」のほか、「宝踊」「長者踊」「牛若踊」「御舟《みふね》踊」「綾踊」「花見踊」「姑踊」「殿御《とのご》踊」「よりこ踊」の九曲が伝わっています。踊りの基本形は、踊り子が横一列に並び、曲目ごとに下駄を踏みしめ、左手に持った締太鼓を打ち鳴らしたり、また座り込んだ姿勢で撥を回したりして踊ります。

神踊は、中心的な役である踊り子の締め太鼓の拍子に合わせて大太鼓が叩かれ、地方の歌と踊り子の伴奏をする形式で奉納されます。

高野山の北麓から和泉山脈にかけての地域には、かつては嵯峨谷の神踊と同種の笹を採り物にした「笹踊り（小踊り）」と呼ばれる踊りが広く伝承され、お盆の時期や雨乞い祈願のために奉納されました。これらの踊りは中世末期から近世初期にこの地域一帯に流行した風流太鼓踊りの一種だと考えられ、嵯峨谷に伝わる神踊は、今日まで絶やさず伝えられた数少ない例として貴重な踊りです。

（嵯峨谷の神踊保存会）

若宮八幡宮の境内に横一列になり、締め太鼓を打つ音と下駄の足さばきを揃えて踊る。

神前に笹木を捧げる口上は、「ハッと言やキャッと言い、キャッと言やスッと言う…」などユニークな文句の応答がある。

椎出《しいで》の鬼舞《おにのまい》

九度山町椎出、椎出厳島神社
和歌山県無形民俗文化財

八月一六日
南海高野線「高野下」駅よりすぐ

九度山町椎出に伝えられる「椎出の鬼舞」は、「盆の鬼」または「笹囃子《ささばやし》」といわれ、もとは地元の明神講《みょうじんこう》が執り仕切り、鬼の舞の道具一式を持っていましたが、講員の減少などで椎出区が鬼の舞を行うようになりました。

鬼の舞の囃子方は、締太鼓一名、上笛《かみぶえ》・下笛《しもぶえ》それぞれ一名、謡《うたい》七名を十人衆とよばれる若衆が務めました。鬼役は十人衆の経験者から選ばれ、練習も深夜遅くに密かに行われますが、誰が演じるかは本番まで秘密にされています。

八月一六日の早朝五時、鬼、十人衆、太鼓持ち、総代、保存会役員らは紀の川に行き、川に入って禊《みそ》ぎの後、河原で玉石を三個ずつ拾います。その後、玉石は神社に奉納するために持ち帰り、本殿前に置く「納石の儀」を行います。午前八時ごろ、再び神社に集まり、地蔵寺の座敷で十人衆は笹囃子を練習し、それ以外の人は幟を立て、傘鉾《かさほこ》を作成します。

傘鉾は、当日切り出した青竹を組み合わせ、高さ一三五㎝ほど、直径二mほどの傘型の骨組みを作ります。骨組みは行事の間は壊れないように、最後は壊れるように細工されます。傘鉾の上部には、雌松、鬼ユリ、アワ、キキヨウ、ススキ、オミナエシ、ササを骨組みに布を巻きつけ挿し込みます。

午後五時、鬼を先頭に、太鼓・笛・謡役が傘鉾に入り、太鼓に合わせて「ねりこみ」がはじまります。鬼は、地蔵寺の前からゆっくりと一歩ずつ、二〇分ほどかけて神社の境内まで練ります。広場に一行が入ると、鬼が子どもを脅かしながら走り回ります。ほかの十人衆、太鼓、笛は広場の三ヵ所において「ありがたや、神の威徳《いとく》に雨降りて…」などの謡をうたいます。その間、鬼は棒を振り上げ、しゃがんでは両手を突き上げたり、伸び上がったりを繰り返しながら広場を回りながら舞います。

謡の終わりには、傘鉾は謡連中により骨が壊され、境内から運び出され、鬼を残して地蔵寺の方に走り去ります。これにより、境内に取り残された鬼は寄る辺を失い、神前で鎮められる筋書きになっています。

（椎出の鬼の舞保存会）

笹囃子の古風な歌と演奏にのって、赤い髪の鬼が力いっぱいに棒をふり回して舞う。

鬼の面には、能の「武悪面」が用いられ、笹囃子と能楽との関係を感じさせる。

古沢《こさわ》の傘鉾《かさほこ》・えびすのお渡《わた》り

九度山町上古沢、古沢厳島神社

八月一六日、一〇月体育の日
南海高野線「上古沢」駅より徒歩二〇分

不動谷川の中流域、九度山町上古沢《かみこさわ》に鎮座する古沢厳島神社は、高野山の荘園の一つ、古佐布荘《こさふのしょう》（笠木《かさぎ》・上古沢・中古沢《なかこさわ》・下古沢《しもこさわ》）を構成した四ヵ村の総氏神です。この神社では、八月一六日の「傘鉾祭り」と一〇月の「えびすのお渡り」という、二つの古風な祭礼が行われてきました。

傘鉾祭りは、「宮のカサフク」または「カサフクのお渡り」と呼ばれ、その年の五穀豊穣・雨乞いを祈るために、秋花を飾った三基の傘鉾を作り、四ヵ村から選ばれた人々によって、毎年八月一六日の一四時前から行われます。

参道手前の集会所では、四ヵ村の若衆による式三献の盃事が行われた後、太鼓と笛と謡いで「笹囃子《ささばやし》」が試奏されます。その後、午後二時になると裸足で行列をなし、傘鉾のお渡りを始めます。この際、囃子以外の者は、潔斎の印として口に笹の葉を咥えます。行列は、お渡りの途中で二度止まり、笹囃子を演奏します。その後、本殿の前で最後の笹囃子の演奏があり、三基の傘鉾が反時計回りに三周して一連の行事を終えます。

えびすのお渡りは、一〇月体育の日に行われます。この祭りが古くは「亥《い》の講《こう》」と呼ばれたのは、古佐布荘の宮座《みやざ》である「勘《かん》禄講《ろくこう》」が、一〇月亥の日に秋祭りを開いたことに因みます。お渡りは午後一時ごろ集まり、式衆が八月の傘鉾と同じような式三献の盃事を行った後、えびす以外は裸足で行列を整え、えびすと囃子方以外の講員は潔斎のために口に笹の葉を咥えてお渡りをします。

本殿の前では、講の代表者が神社に大御幣を、えびすが鯛の釣り竿を奉納し、広場の中央にえびすは蹲踞《そんきょ》の姿勢で両袖を広げます。その後、大鼓と小鼓と笛で囃子を奏し、えびすは講員の烏帽子から集めた紙縒《こより》を握り、くしゃみして鼻をかむ独特な所作をして紙縒を石垣に差し込みます。続いて、先跳《さきと》びの者が加わり、えびすと共に蹲踞の姿勢から後方に飛び跳ねる所作を三度繰り返します。これを「えびす跳《と》び」といい、その後、笛と鼓の囃子が三度繰り返されて、祭りが終了します。

（上古沢地区、中古沢地区、下古沢地区、笠木地区）

盆の終わり、錦幕を掛けた3基の傘鉾が、厳島神社の神前に優雅に参進する。

「えびす跳び」など、神前での儀礼や所作に謎が多い「えびすのお渡り」。

花園《はなぞの》の仏《ほとけ》の舞《まい》

かつらぎ町花園梁瀬、遍照寺
国記録選択無形民俗文化財
不定期(およそ二〇年に一度の一〇月ごろ)
JR和歌山線「笠田」駅よりコミュニティバス「花園」バス停下車

花園の仏の舞は、高野山の南麓、かつらぎ町花園梁瀬の遍照寺（真言宗）に伝えられた貴重な仏教芸能です。

この舞は、地元では数十年に一度上演される仕来りで、六一年ごとと紹介されることもありますが、正確には旧暦の閏十月のある年に行うとされています。これは神が不在となる神無月が長く続くため、その間に悪鬼が跋扈《ばっこ》しないよう仏の力で魔を抑えるためと言われています。この法則に則って最も直近に上演されたのは昭和五九年（一九八四）秋のことでした。この年以降、仏の舞は保存継承のために保存会によって二〇年に一度、遍照寺で公開することが決められています。

如来や菩薩の仮面を着け仏の浄土の様子を演じる「仏舞《ほとけまい》」は、人々に仏教を分かりやすく説く「教化《きょうげ》」の要素を色濃く反映し、おもに寺院で演じられる宗教芸能です。奈良時代に唐から伝わった菩薩行道《ぼさつぎょうどう》を源とする仏の芸能は、その後各地で仏舞として伝承されましたが、なかでも花園の仏の舞は、『法華経《ほけきょう》』提婆達《だいばだ》多品《たほん》に記される龍女成仏《りゅうにょじょうぶつ》（女人成仏）の説話を背景に創作され、台詞のある教化劇になっていることに特色があります。

その内容は、文殊菩薩の化身である僧侶が、乙姫（龍女）を釈尊の弟子として浄土へ招き入れるため、龍宮城で父鬼《ちちおに》（龍王）や五鬼《ごおに》（太郎・次郎・三郎・四郎・五郎）と問答を繰り広げます。僧侶と鬼との問答のさなか、薬師《やくし》・阿閦《あしゅく》・阿弥陀《あみだ》・大日《だいにち》・釈迦《しゃか》の五仏が現れ、「教化の舞」を演じます。浄土の荘厳《しょうごん》を目の当たりにした鬼たちは、僧侶から人間への成仏を説かれた結果、彼らの力（煩悩《ぼんのう》）の象徴である犀《さい》の鉾、生杖《いきづえ》、打出《うちで》の小槌《こづち》など所持している武器を差し出し、仏の道に教化されます。その後、五鬼は両手に榊の枝を持ち、父鬼は太刀を抜いて「太平《たいへい》楽《らく》の舞《まい》」を舞い、注連縄を切って走り去ります。

花園の仏の舞は、平安時代中期に比叡山の恵心僧都《えしんそうづ》（源信）が創作したものを元禄四年（一六九一）に無明禅師《むみょうぜんじ》が当地に伝えたといわれますが、史料が無く、いつから舞われるようになったのかは定かではありません。遍照寺に残る面箱や装束箱に記された墨書きから、少なくとも江戸時代中期には当地で仏の舞が演じられていたことが窺えます。

仏の舞の演じ手は、かつて花園梁瀬の峯手・中越・敷地・滝谷地区の三〇歳までの若者かつ跡取りに限られていましたが、現在は年齢制限などをなくし、広く花園地域から有志を募るようになりました。

（花園郷土古典芸能保存会）

龍王（父鬼）の娘である龍女は、文殊菩薩の導きにより仏の浄土へ赴く決心をする。

龍宮の鬼たちの前に、仏の世界をあらわす五仏が現れる「教化（きょうげ）の舞」。

六斎念仏《ろくさいねんぶつ》

かつらぎ町下天野、延命寺
和歌山県指定無形民俗文化財

不定期

高野山では、平安時代末期から室町時代にかけて阿弥陀如来を信仰する浄土信仰が隆盛し、山内には高野聖の拠点となる萱《かや》堂《どう》（苅萱堂）が開かれました。鎌倉時代に活躍した高野山ゆかりの禅僧・法燈国師覚心《ほっとうこくしかくしん》の年譜には、高野山において「鉦鼓ヲ鳴シテ阿弥陀ヲ念ズ」とあります。

和歌山県内で最も古い六斎念仏の供養碑は、海南市下津町上にある「文安四年（一四四七）六斎念仏　供養便阿弥　八月十三日」銘のもので、このころ高野山の六斎念仏が周辺地域に伝播したとみられます。

高野山上における六斎念仏は、室町時代になると念仏を排除する動きも生まれ、近世初頭以降はほとんど失われました。しかし、高野山の麓の村々では、先祖供養のために念仏信仰が欠かせないものとして江戸時代以降も定着しました。

かつらぎ町下天野の六斎念仏は、室町時代から高野山の支援を受け、江戸時代に念仏鉦二二丁が揃えられ、六斎講の人々により、二月の涅槃会や、春秋の彼岸会、お盆の供養、一〇月のお十夜などの年中行事のほか、葬送の送り念仏などでも盛んに活動が行われていました。

天野の六斎念仏には、「四遍《しへん》」「白味《はくまい》」「幡幢《ばんどう》」「おろし」の四曲が伝わり、すべてを唱えると一時間以上かかります。高野山麓の六斎念仏の曲は、念仏鉦を叩きながら「南無阿弥陀仏」の六字を美しい節回しにのせて繰り返し唱え続けることを基本にした詠唱念仏の様式を残していますが、「幡幢」にのみ「ゆーずーねんぶつ、なむあみだ」の融通節の詞章が入ります。

これらは、高野山の仏教音楽である声明《しょうみょう》を源として、中世に山内で流行した融通念仏信仰の影響のもとで発展したと考えられます。また、後にこのことが高野山周辺に伝承される六斎念仏の基本となり、山麓の村々には室町末期から近世初期にかけて六斎講が広く組織されました。現在も、伊都郡をはじめ紀北地域の村々では、念仏供養碑や石塔の形で一〇〇ヵ所余りの痕跡が確認されています。

（六斎念仏講）

延命寺の仏前に、羽織姿の正装で居並び、鉦を打ち「南無阿弥陀仏」唱える六斎念仏衆。

野田原《のたはら》の廻《まわ》り阿弥陀《あみだ》

不定期

紀の川市桃山町野田原
和歌山県指定無形民俗文化財

「巡《めぐ》り仏《ぼとけ》」は、特定の集落や村の間において信仰される霊験あらたかな仏像を回し送り、当番にあたった家においてある期間お祀りをし、その後、期日を定めて次の当番に送り届けるという風習です。

寺に参詣して仏像を拝むのではなく、仏像の方が家にやって来てそれぞれの願いを聞き届けるというこの習慣は、全国的に見られますが、和歌山県内でもいくつかの地域で行われています。紀の川市桃山町野田原地区では、室町時代に作られた板彫りの阿弥陀三尊を納めた笈型厨子《おいがたずし》を、地区内の家々のあいだで回してお祀りをしています。

野田原の廻《まわ》り阿弥陀《あみだ》では、巡回の時期や期間は不定期でとくに決まっていませんが、十数年に一度という間隔で家に阿弥陀様がやって来ると人々は歓待し、厨子を座敷にお祀りして村内の安全とともにそれぞれの願いを祈りに込めます。（野田原区）

背負い型の厨子には、板彫りの阿弥陀三尊が納められ、家々の願いを受け入れていく。

和歌山の秋は、祭りの季節。

九月になると、各地で秋祭りの準備のため夜に集会所へ集まって、今年の祭りの段取りを相談し、獅子舞や笛太鼓の稽古に励む若者や、それを見守り指導する地域の人々の姿を見かけるようになります。

とくに一〇月は、和歌山県中部の有田郡や日高郡の神社で一一月は県南部の熊野地方の神社において秋祭りが行われます。

「祭りまでが祭り」という言葉に示される通り、今年の祭りが去年よりも良いものになるよう、他地区とも競い合いながら、地域社会が一つになって祭りの雰囲気を盛り上げていきます。

第6章 秋・冬の祭りと行事

御坊祭（御坊市）／10月は祭りの季節。御坊周辺では、四つ太鼓を担いだ若中の喚声が深夜まで続く。

藤白《ふじしろ》の獅子《しし》舞《まい》

海南市藤白、藤白神社
和歌山県指定無形民俗文化財
一月一日、一〇月第二日曜日
JRきのくに線「海南」駅より南へ徒歩二〇分

海南市藤白に鎮座する藤白神社は、古くから「熊野一の鳥居」とされ、熊野九十九王子のなかでも「五躰王子《ごたいおうじ》」の一つとして特別に格式の高い王子社として崇敬されてきました。そのため当社では上皇や法皇の熊野御幸《くまのごこう》の折には、神前において芸能がしばしば奉納されたことが記録に見えます。古来行われてきた歌会や相撲、里神楽といった諸行事の他に、近世に入ってからは獅子舞も行われるようになりました。

藤白神社の祭礼は、以前は一〇月一五日でしたが、現在は一〇月第二日曜日に行われています。藤白の獅子舞は、この祭礼と一月一日に奉納されます。この獅子舞は、五人立ちで四mの大きな胴幕の中に舞い手が一列に並ぶように入ります。

獅子あやしは、鼻高面の猿田彦命《さるたひこのみこと》が一人、鉾と巻物を持って獅子と対峙します。穴に籠もっていた獅子が外に出て、最後は穴に戻って行くところから「穴獅子《あなじし》」とも呼ばれます。陽気に浮かれて穴籠もりしていた雄獅子が穴を出て、花や蝶と戯れたり、ノミ取りをしたりと、獅子特有の所作をしている間に眠り込んでしまいます。そこへ鳥兜《とりかぶと》をかぶった猿田彦が現れ、獅子は猿田彦命の持っている巻物を奪い取ろうとして両者がからみ合い、最後は猿田彦命の持つ鉾で獅子が追い払われるという筋になっています。

一番の見どころは、「高舞《たかまい》」と呼ばれる継ぎ獅子の場面で、獅子の頭を持つ者を他の四人が一団となって担ぎ上げるという方法をとり、頭を持つ者は身体を捻らせるようにしてあちこちを見回す姿勢をとります。神社の広庭で舞い終わった獅子は、次に地下の各所を回って舞い、祭り気分を大いに盛り上げます。

元旦の初舞と秋祭に公開されるこの獅子舞は、それぞれ公開の一ヶ月前から練習を始めます。昔は「御湯講《おゆこう》」といって一五才になった男子が合宿して獅子舞の練習をするのがきまりでした。御湯講は若衆組の伝統を伝えるものとされ、昔は、元旦に神社境内で初舞いを奉納してから後、竈祓《かまばら》いと称して正月の三が日間、各氏子の家を厄払いして回りました。

藤白の獅子舞をはじめ、海南市下津町の加茂谷一帯に伝承される獅子舞は、胴幕内にかなり多くの人々が入って演技するところに特色があります。

（藤白の獅子舞保存会）

獅子は、猿田彦が持つ巻物が欲しくてたまらないが、もう少しの所で奪うことが出来ない。

藤白の獅子頭は大きく、和歌山では珍しい金色の頭。

山路王子神社《やまじおうじじんじゃ》の獅子舞《ししまい》・奉納花相撲《ほうのうはなずもう》（泣《な》き相撲《ずもう》）

海南市下津町市坪、山路王子神社
和歌山県指定無形民俗文化財

一〇月体育の日
JRきのくに線「加茂郷」駅より車で一五分

海南市下津町市坪《いちつぼ》に鎮座する山路王子神社は、熊野九十九王子の一つ「一壺王子《いちつぼおうじ》」に比定される神社です。同社の秋祭は、明治以降一〇月一五日に行われましたが、現在は体育の日に行われます。

悪魔祓いとして奉納している獅子舞は、神前の広庭に敷かれたムシロの上で演じられます。獅子の胴幕内には七人が入り（うち頭持ちの次は左右に分かれて入る）、笛五人、太鼓一人（細長い撥二本で打つ）、鬼二人はオンとメンで鳥兜《とりかぶと》をかぶり、天狗面をつけます。手にはおのおの鈴の付いた鉾を持ちます。

獅子舞の曲の構成には定まった名称がなく、獅子は胴体部分を長方形にして境内に登場します。口には三枚の日の丸扇の付いた白幣を咥《くわ》えており、「幣の舞」を披露した後、御幣を巫女に渡します。次に「山あらし」「えばみ」「蚤《のみ》とり」「寝舞《ねまい》」と続き、獅子が鬼とが格闘する「からみ」があって、獅子が遠望する「たかみ」と呼ばれる見せ場があります。再び獅子と二人の鬼との「からみ」があり、獅子はオン・メン二人の鬼によって両方から鉾で狙われ大いに困惑します。次いで「五尺」があって最後は鬼に導かれて獅子が退場します。

獅子舞が終わると、「泣き相撲」で知られている奉納花相撲《ほうのうはなずもう》が、神社境内の広庭の脇に設けられた土俵で行われます。

この童子相撲がいつ頃から行われ始めたか不明ですが、江戸初期からではないかと言われています。氏子から選ばれた五、六才の子どもが行司を務め、裃に烏帽子姿で赤い総の付いた軍配を手に土俵に上がり、幼児を集めて花相撲を行う旨の口上を述べます。

続いて生後五ヶ月くらいから二、三才くらいまでの幼児が赤いふんどしを締めて、介添え役に抱かれるようにして二人が見合い相撲を取ります。取組は二番勝負で仲良く一勝一敗で終わるようになっています。土俵上での取組が始まる前から泣く子や、勝負がついてから泣く子などさまざまで、泣きながら相撲を取るので「泣き相撲」の名が付けられました。

幼児は背中に土俵の土を着けると病気にならないといわれ、互いに背中に土を着け合うように仕組まれています。子どもの健やかな成長を願って、この童子相撲のために里帰りする者や他地域から参加する親子もたくさんいて、祭の日は、大変な賑わいを呈します。（山路王子神社の獅子舞保存会）（山路王子神社泣き相撲保存会）

山路王子神社の獅子舞は、七人立ちの大きな獅子。眠りを催す寝舞の後、二匹の鬼とのからみが見どころ。

赤ん坊の泣き声と観衆の笑い声が絶えない花相撲。土俵の土を着けると、健康に育つという。

木《き》ノ《の》本《もと》の獅《し》子《し》舞《まい》

和歌山市西庄、木本八幡宮
和歌山県指定無形民俗文化財

一〇月一三日過ぎの土・日曜
南海本線「和歌山市」駅より路線バス「木の本」バス停下車、徒歩五分

和歌山市西庄の厳橿山《いつかしやま》の中腹に鎮座する木本八幡宮《きもとはちまんぐう》は、木本地区の氏神として人々の崇敬を集める神社です。同社の祭礼は、もと旧暦八月一四・一五日に行われていましたが、新暦になって一〇月一三日過ぎの土・日曜に実施されています。

『紀伊続風土記』によると、木本八幡宮の神幸所は二ヶ所あって「一は村の南松林中にあり、周百六十二間蛭子《えびす》社あり、濱宮といふ。一は小屋村にあり」と記され、八幡宮については、「村の丑の方木本村に接して小名芝の山上にあり一荘の産土神《うぶすながみ》なり」とあります。

木ノ本の獅子舞は二人立ちで、獅子頭は紙胎《したい》黒塗の雄獅子です。囃子は篠笛・太鼓・チャンガラガン（銅拍子）で構成され、「地上の舞」「だんじり上の舞」が行われます。

地上の舞は、境内の社殿前方に敷かれたムシロ八枚の上で演じられ、繰り返し行われる基本の舞から「龍の舞」「孔雀の舞」「鶴亀の舞」「寝獅子」「ネンコロリ」「居眠り」「股ねずり」などを披露します。

だんじり上の舞は、百獣の王たる獅子が我が子を千尋の谷に突き落として、その勇気を試すという故事に因むものといわれ、梯子上りの途中やだんじり上の地上五ｍあまりの高さに渡した二本の青竹の上で激しく頭を振る所作をしたり、後の舞い手が逆立ちしてみせたりと、躍動的な演技の連続で、観衆からは歓声があがります。

獅子舞は宵宮には神社境内で奉納し、本祭には午前一〇時に境内、午後一時に三道の辻と呼ばれる三叉路の所でも披露されます。その後、氏子域内を巡回して、夕刻には再び神社境内に戻って舞い納めます。

近年は、木ノ本では大人と子ども両方の獅子舞が奉納され、子ども獅子舞は地上の舞のみ演じます。最初に子どもの獅子舞が演じられ、次に大人のそれが奉納されます。

このような獅子舞は、梯子獅子《はしごじし》と呼ばれ瀬戸内海一帯や千葉県の房総半島にも分布しており、県内では和歌山市の加太春日《かだかすが》神社《じんじゃ》の獅子舞にもみられます。

（木ノ本の獅子舞保存会）

地上の舞は、激しく頭を振り前足を担ぎ上げるなど力強い演技が続く。

二本の竹で演じるだんじり上の舞。大勢の人が息をのみ獅子を見上げる。

隅田《すだ》八幡神社《はちまんじんじゃ》の秋祭《あきまつり》

橋本市隅田町垂井ほか、隅田八幡神社
和歌山県指定無形民俗文化財

一〇月第二日曜
JR和歌山線「隅田」駅より北西へ徒歩一五分

橋本市東部の隅田町《すだちょう》垂井《たるい》に鎮座する隅田八幡神社の秋祭は、一〇月第二日曜に行われ、山手（霜草、境原、山内、平野）、宮本（垂井、芋生、中下）、下手（中島、下兵庫、河瀬）、川南（恋野、赤塚、中道）の四つの地域ごとに、順番に一台ずつだんじりを出し、あわせて四台が八幡神社に宮入りをします。

隅田八幡神社は、平安時代に勧請された古社で、中世隅田荘の鎮守として知られています。同秋祭は八幡宮の放生会《ほうじょうえ》を起源としており、弘安八年（一二八五）には放生会舞童雑事米二石が寄進されている記録も残されており、鎌倉時代には放生会が行われていたことがわかります。また、「隅田八幡宮放生会頭人差定」には御供頭、饗頭、猿楽頭、伶人頭、田楽頭などの記載がみえ、室町時代の一三世紀の終わりから田楽、猿楽、楽を奏する伶人などが祭礼に参加していたことを示しています。

この祭りのだんじりは、すべて車輪の無い「担ぎだんじり」という特徴があります。当地のだんじりの起源は不明ですが、明和四年（一七六七）の記録（田中家文書）にはだんじりを飾る「出し花二百五十」の記述があります。だんじりに括りつける竹には「出し花」が数多くみられ、今は竹の小枝に祝儀袋を吊り下げるように変化しています。

この地域でのだんじりの登場は、中世に当地を治めた土豪の隅田党《すだとう》一族に取って代わり、旧隅田荘に属する村々が勢力を強めていく江戸時代中頃とみられます。神輿の御旅所へのお渡りは中世からみられますが、現在の神幸行列は、だんじり四台・神輿・神官・榊・御幣・鉾・長刀・弓矢・剣・唐櫃・太鼓・氏子総代・区長などで構成されます。なお、江戸時代には神が憑《ひょう》依《い》した稚児の姿をした「一《ひと》つ物《もの》」が渡御に参加していました。一つ物は馬に乗るか、肩車されて渡御に加わったという元治元年（一八六四）の記録があります。

（隅田八幡神社秋祭保存会）

年に4台ずつ出る担ぎだんじり。数年に一度の奉納に、当番地区は祭礼を大いに盛り上げる。

担ぎだんじりの前は松を飾り、祝儀の大きな熨斗絵がいくつも吊り下げられる。

広祭《ひろまつり》　広川町上中野ほか、広八幡宮ほか

・広八幡《ひろはちまん》の田楽《でんがく》　国記録選択無形民俗文化財
・乙田《おとんだ》の獅子舞《ししまい》　和歌山県指定無形民俗文化財

一〇月一日
湯浅御坊道路広川ICより約五分

広祭は、広川町上中野に鎮座する広八幡宮の祭礼で、毎年一〇月一日に行われ、有田地方に秋祭りの季節を告げる最初の祭りとして知られています。

広八幡宮は、中世の広荘の鎮守社として広川町中心部や沿岸地区を広範囲に氏子としており、御旅所への神輿渡御を中心に、各地区から出される子供神輿や唐船《とうぶね》など長大な祭礼行列が行われます。その中でも、上中野地区で伝承される田楽と山本地区が奉納する「乙田の獅子舞」が特色ある奉納芸能としてそれぞれ文化財に指定されています。

「広八幡の田楽」は室町時代に始まったと伝えられる神事芸能です。九月三〇日宵宮の夕方と一〇月一日の本祭の午後に神社境内の舞殿《ぶでん》で典雅な田楽を奉納します。地元では「しっぱら踊り」とも呼ばれ、一〇人の小学生が、袖振り二人・ササラ六人・太鼓二人に分かれ左右対称や円陣になって田楽を踊ります。このほか、鼻高面を着けた「オニ」、鬼面の「ワニ」が各一人、二人立ちの赤い獅子が順に拝殿から登場して、田楽の舞殿に加わります。

オニ・ワニは、いずれもゆったりとした所作を繰り返し田楽の外周を踊り、ときに舞殿から外に出て天を仰いで反り返り、日和を見るような仕草をします。獅子は、荒ぶるこの季節の天候を表すとされ、オニが持つ鉾の威力で鎮める意味をもつと言われています。

広八幡の田楽を構成するオニ・ワニ・獅子と田楽の芸能は、福井県若狭地方に伝承される王の舞《おうのまい》・獅子・田楽など、近畿周辺に分布する中世荘園の神事芸能に類似しており、和歌山県内では有田郡・日高郡に分布する「鬼獅子《おにしし》」と呼ばれる獅子の芸能の古態を示す例として注目されます。

一方「乙田の獅子舞」は、もとは広八幡宮に合祀された乙田天神社の祭りに奉納された獅子舞でした。伊勢太神楽《いせだいかぐら》に似せた屋台の太鼓と横笛の囃子に乗せて、お多福の誘導により、日高地方に多く見られる張子の獅子頭を用いて三人立ち獅子舞を演じます。

演技は「打込舞」「中舞」「高舞」の三部構成からなり、特に「高舞」では獅子が高く伸び上がる姿が一番の見どころとなっています。

（広川町古典芸能保存会）

中世芸能の遺風を伝える広八幡の田楽。オニ・ワニ・獅子と田楽は、それぞれ複雑なタイミングで演技がつながっている。

荘天神(乙田天神)社に奉納される乙田の獅子舞は、後半で2人以上に伸びあがる「高舞」が見どころ。

二川《ふたがわ》歌舞伎《かぶき》芝居《しばい》

有田川町二川、城山神社
和歌山県指定無形民俗文化財

不定期（以前は一〇月第二日曜日）
ＪＲ紀勢本線「藤並」駅より有田鉄道バス「二川」バス停下車

高野山の南麓を水源とする有田川《ありだがわ》中流部に位置する二川地区は、かつて有田川の上流部から流される材木を中継する集材地として発展しました。昭和二〇年代まで、二川には商人や筏師が往来して多くの宿屋があり、夕刻には座敷から三味線が聞こえる盛り場的な様相を呈し、大いに栄えたといいます。

二川には地区の氏神として城山神社（丹生神社）が鎮座し、一〇月の秋祭りには芝居や演芸が奉納されています。祭神の丹《に》生明神《うみょうじん》は女神であることから、祭りでは武芸的なものを避け、芝居を奉納したのが二川歌舞伎の始まりとされています。

二川歌舞伎芝居は、江戸時代の文化・文政期に上方から振付師を雇い入れ、村の若衆が役者を演じる本格的な農村歌舞伎として発展しました。

第二次大戦中からしばらく中断した時期もありましたが、その後地元で歌舞伎復興の気運が高まり、昭和四四年に保存会を発足させ、古老の記憶をもとに二川歌舞伎の代表作である「寿《ことぶき》式三番叟《しきさんばそう》」が復活しました。

寿式三番叟は、芝居の最初に披露される演目で、二川歌舞伎の場合は「姫の舞」「鶴の舞」「鈴の舞」の三部により構成されています。

本来の三番叟では主役の太夫を「翁」がつとめますが、二川では丹生明神の化身とされる「姫」が演じます。また、二人の三番叟役は鮮やかな鶴の模様のある衣裳を着た雄鶴と雌鶴となっていることも特色となっており、長唄三味線の囃子に乗せて豪快に鈴や扇を打ち振りながら踊ります。これに補佐役の面箱持ちも加わって四人で舞台をつとめ、厳粛かつ華麗な式楽となっています。

（二川歌舞伎芝居保存会）

二川歌舞伎が演じられる城山神社の廻り舞台。

雄鶴・雌鶴の三番叟が演じる「鶴の舞」。二人の息がピタリと揃って見得が決まる。

小学校で郷土学習で行われた「子ども歌舞伎」も、地元で長らく人気だった。

湯浅祭《ゆあさまつり》　湯浅町湯浅、顯國神社

・顯國神社《けんこくじんじゃ》の三面獅子《さんめんじし》　和歌山県指定無形民俗文化財

七月一八日、一〇月一八日
JR紀勢本線「湯浅」駅より北東へ約一㎞

醤油の町として知られる湯浅町湯浅の氏神である顯國神社は、平安時代末期に土豪の湯浅権守宗重《ゆあさごんのかみむねしげ》が創建した神社です。同社の祭礼は、毎年七月一八日の若宮祭（夏祭）と一〇月一八日の例祭（秋祭・湯浅祭）があり、神輿の渡御とともに「三面獅子」が演じられます。

三面獅子の由来は不詳ですが、神社所蔵の古い獅子頭には享保一一年（一七二六）の銘があり、江戸中期以前から祭りに存在していたと推測されます。

顯國神社の三面獅子は、同社の夏祭と秋祭において神輿を先導して、お渡りの道行きを祓い清める役割があり、鼻高面のオニと鬼面のワニが魔物である「獅子」を退治する所作を、ゆっくりした締太鼓の囃子に合わせて演じます。三面獅子の「三面」とはオニ・ワニと獅子の三つの面を指します。

オニとワニは、左手に鈴のついた鉾を持ち、右手に持った紙《し》垂《で》を払うような動作で舞いながら、獅子を中央に敷いた茣蓙《ござ》の上に誘います。茣蓙に臥した獅子の鼻先に、オニが鉾を突き立てると驚いた獅子は激しく歯打ちをしながら暴れ出しますが、やがて静まり、オニに対して恭順の姿勢を示します。ついには、オニ・獅子・ワニの順に前に進みながら退場します。

一〇月の湯浅祭では、重要伝統的建造物群保存地区になっている古い町並みの間を神輿や役馬などの氏子たちによる様々な祭礼行列が神幸し、沿道の決められた場所での三面獅子の演技が終わると祓い清められた道を神輿が御旅所まで進みます。

（顯國神社三面保存会）

顯国神社境内で奉納される三面獅子。

オニがもつ鉾を、獅子が下から上まで睨みつくす所作は、有田・日高の神事獅子に共通する典型的な演技。

近年復活した母衣武者の騎馬行列は、かつての湯浅祭が馬祭りだったことを伝える。

印南祭《いなみまつり》　印南町印南ほか、印南八幡神社・山口八幡神社

・印南八幡《いなみはちまん》の重箱獅子《じゅうばこじし》と祭《まつり》　和歌山県指定無形民俗文化財

一〇月二日
JR紀勢本線「印南」駅よりすぐ

印南祭は、印南川下流域の左岸一帯を氏子範囲とする印南八幡神社の祭礼と、右岸一帯を氏子として同日に行われる山口八幡神社の秋祭りを総称して、ともに「印南祭」の名で知られています。二つの祭りは、それぞれ旧暦八月一五日を祭日としていましたが、現在は毎年一〇月一日・二日に行われます。

このうち印南八幡の秋祭は、氏子である印南町東山口、印南（宇杉・光川・本郷）の四地区の合同で祭礼が催され、午前中の神社境内での奉納行事を済ませ、午後一時ごろから大きな幟や傘鉾、舞獅子の屋台を担ぎ、御旅所のある印南浜まで神輿渡御の行列が練り歩きます。印南八幡祭の一番の見どころは二日の午後二時頃から行われる川渡りで、幟を先頭に各地区の若衆が屋台・神輿をかついだまま川に入り　印南川の河口を渡ります。

とくに重箱獅子は、印南八幡の祭礼中、神社および御旅所での神事で最初に演じられる芸能であり、印南八幡神社の宮元といわれる東山口の人々によって伝承され、囃子もない無音の中でオン・メン・獅子が厳粛に演じることに特色があります。「重箱獅子」と呼ばれる由来は、獅子頭が重箱のような黒塗りであることに由来するといわれ、オン・メンは神社や神輿の警固役としての役割も果たします。

一方の山口八幡神社の秋祭は、印南町印南（地方《あげ》・浜）、西山口、津井、御坊市名田町（野島・上野・楠井）の七地区の氏子が参加し、午前中は神社境内で名田町を中心にした奉納行事が行われます。

その後、神輿渡御の行列が神社を出発して、印南川畔で他の氏子組と出会い、印南の町場の中心にある印定寺《いんじょうじ》から七台の屋台と神輿が狭い町中の道中をせり合いながら印南漁港の御旅所まで練り歩きます。御旅所では地方の雑賀《さいか》踊《おどり》に続き、野島の奴《やっこ》踊《おどり》、上野の奴踊、楠井の耕作立願踊《こうさくりゅうがんおどり》が奉納され、その後に各地区の舞獅子が一斉に奉納されます。

（印南八幡秋祭実行委員会）

背中合わせのオンとメンは、ほとんど無音のなか互いの気配だけで同じ動きをしなければならない。

印南八幡の神輿や獅子屋台は、印南川を川渡りして対岸の御旅所にたどり着く。

御坊祭《ごぼうまつり》　御坊市薗・御坊ほか、小竹八幡神社

・戯瓢踊《けほんおどり》　国記録選択無形民俗文化財

・御坊下組《ごぼうしもぐみ》の雀踊《すずめおどり》　和歌山県指定無形民俗文化財

一〇月四日・五日

JR紀勢本線「御坊」駅乗り換え、紀州鉄道「西御坊」駅より徒歩一〇分

御坊祭は、御坊市薗に鎮座する小竹八幡神社《しのはちまんじんじゃ》の祭礼で、御坊の町衆によって育まれた日高地方を代表する秋祭りの一つです。昔から「人を見たけりゃ薗祭《そのまつり》（御坊祭）」と謳《うた》われ、大勢の見物客を集める祭りで、現在は毎年一〇月四日・五日を中心に祭礼が行われます。

日高川河口部にひろがる御坊市街地及び美浜町浜ノ瀬にある九つの氏子組が、幟さし・奴踊《やっこおどり》・獅子舞・四《よ》つ太鼓《だいこ》など数々の奉納芸能を演じます。

なかでも「戯瓢踊」は、天正一三年（一五八五）の紀州攻めで退転した薗八幡宮《そのはちまんぐう》（現 小竹八幡）の祭礼が、寛永一九年（一六四二）に再興するまでの間も、御坊寺内町《ごぼうじないまち》において受け継がれた祭礼踊りで、江戸時代初期の元和年間（一六一五～一六二四）には紀州徳川家初代藩主の徳川頼宣《とくがわよりのぶ》が見物し、「四恩の徳」を説くこの踊りを称賛したという由緒があります。このため、祭りにおいて各氏子の組が演じる芸能のなかでも、戯瓢踊は神事のあと一番初めに奉納されるという栄誉を得ています。

戯瓢踊は、五〇代以上の男性によって構成され、花笠を被り、白麻地の帷子《かたびら》の上に墨染めの羽織をつけ、太い帯を締めた、華麗な衣装を身に着けます。踊りの次第は、まず御書読人が、御書持ちが捧げる文箱から天明四年（一七八四）に紀州九代藩主の徳川治貞《とくがわはるさだ》より下賜された「四恩状《しおんじょう》」という御書を取り出して、人間が心得るべき四恩（天地の恩、父母の恩、国王の恩、衆生の恩）について朗々と奉読します。次に、踊り方筆頭の次郎ン坊が「太郎も次郎も出でられ候らえ…」と合図して、踊り方が歌を歌いながら円陣、二列真向、入れ替りなど陣形を替えつつ踊ります。古風で格調高い風流踊《ふりゅうおど》りですが、華やかさの中にも飄々とした面白味がある点が特徴になっています。

御坊下組の雀踊は、氏子組の一つである下組が奉納する祭礼踊りで、江戸時代後期に歌舞伎舞踊として上方で流行した雀踊りの風情を、御坊祭で以前から奉納されていた奴踊と融合させた独自の味わいを持つ祭礼踊りです。

雀踊の由来を、下組では京都より師匠を招き、習い覚えたと伝えています。踊りの囃子には浄瑠璃などに用いる太棹三味線を用い、唄も義太夫節風に豪快に歌う点に特徴があり、京大坂のはんなりした近世邦楽の味わいを持っています。歌の内容は、

祭礼の日を迎えた悦びや四季の景色の移ろいを歌い、踊り子たちの「ハーヤッ、トーセー、ヨーイヨーイ」などゆったりした囃し言葉とのかけ合いとともに、力強い奴の踊りの中に艶やかさを加えた独自の踊りの雰囲気を感じることが出来ます。

このほか、小竹八幡神社の氏子組では、元禄時代頃に江戸や上方で流行した歌舞伎踊りに発祥を持つ「奴踊」や、瀬戸内に分布を持つ張子の獅子頭を用いる獅子舞を神前で奉納します。余興として各組が出す四つ太鼓は「サイテクリョー」のかけ声で若中が太鼓台を高くさし上げ、力強さを示して祭りの場を盛り上げ、祭りは深夜にまでおよびます。

瓢箪や鼓・鉦・太鼓を打ちながら、老人が飄々と歌い踊る様が、戯瓢踊独自の風流の持ち味。

(戯瓢踊保存会)(御坊下組の雀踊保存会)

奴衣裳に編笠を被り、三味線伴奏に合わせて柔らかく力強く踊る、下組の「雀踊り」。

「サイテクリョー」の掛け声ともに四つ太鼓が差し上げられると、隈取をした4人の乗り子が大きく仰け反る。

須賀《すが》神社《じんじゃ》の秋祭《あきまつり》

みなべ町西本庄ほか、須賀神社
和歌山県指定無形民俗文化財

一〇月八日・九日
JR紀勢本線「南部」駅より北へ約四㎞

須賀神社の秋祭は、梅干の産地として知られる日高郡みなべ町の西本庄に鎮座する同社の祭礼として毎年一〇月八日・九日に行われます。

この祭りは、平安時代に京都祇園社《ぎおんしゃ》から祭神を勧請した際に、御神霊を奉じた勅使《ちょくし》が海路当地へ至り、南部の浜より当社地へ遷座《せんざ》した様子を再現したと伝えられ、南部川平野部に位置する氏子一一ヶ大字による郷祭《ごうまつり》の形態を残し、中世の旧南部荘《みなべのしょう》の荘域の一部と重なります。

また「御蓋《おかさ》」と呼ばれる傘鉾のお渡り神事や、流鏑馬《やぶさめ》神事、競べ馬など、中世の祭礼様式を遺した祭りであり、その特色は、祭礼の渡御行列が祭神勧請の故事に倣って浜辺から出発し、「御蓋」を中核に儀式が行われることです。

一〇月九日の本祭では、「神御蓋《かみおかさ》」「御蓋幟《おかさのぼり》」「御供蓋《おともがさ》」を中心にしたお渡り行列が、南部浜の秋葉神社から須賀神社を目指します。途中、主要な祭り場で囃子物の「住吉太鼓《すみよしだいこ》」及び「凱歌《がいか》」を奏し、広場を左回りに三周する儀礼を繰り返し、最終的に須賀神社の社壇内に御蓋の一団を送り込むという、中世の疫《えき》神《じん》送りの祭礼に起源を持つ独特の儀礼を伴います。

また、須賀神社の祭礼は馬祭りとしても知られ、一〇月八日には同社馬場において勝負の競べ馬行事が、一〇月九日には御蓋のお渡りの後で流鏑馬神事と余興の競べ馬行事が行われます。現在は六頭の「役馬《やくうま》」を当番の氏子六地区から出し、若衆による馬子唄の奉納や、流鏑馬稚児の弓取りの儀礼などを奉納します。

このほか、昭和六年（一九三一）から始まった神輿渡御や、各地区から出される馬幟、西本庄のだんじり、獅子舞、戎御輿などが祭りの行列に彩を添えます。

（須賀神社秋祭文化財保存会）

秋祭が行われる須賀神社。

祭礼行列の中核となる錦の神御蓋（かみおかさ）と白い御供蓋（おともがさ）。

馬祭りとして知られる須賀神社の祭りは、各氏子区の稚児流鏑馬の神事も行われる。

由良祭《ゆらまつり》　由良町里ほか、宇佐八幡神社

・横浜《よこはま》の獅子舞《ししまい》　和歌山県指定無形民俗文化財
・阿戸《あと》の獅子舞《ししまい》　和歌山県指定無形民俗文化財

一〇月第三日曜日
JR紀勢本線「紀伊由良」駅より南西一・五㎞

由良町里に鎮座する宇佐八幡神社は、毎年一〇月第三日曜日（古くは一〇月一七日）に秋祭りが催され、氏子九地区のうち現在は横浜・里・南・江ノ駒・網代・阿戸の六地区が、それぞれ屋台（屋形《やかた》）を出して競り合いや獅子舞を奉納します。このため、「由良の屋形祭」「獅子祭」の名でも知られています。

このうち横浜の獅子舞は、伝承によれば、由良の船乗りが九州・長崎に入津した際、同地の獅子舞を見てこれを習ったと伝えられています。

横浜の獅子舞は、「野遊勇《のべいさみ》の舞」と称する二人立ちの獅子舞で、穏やかな陽気に誘われ牡丹の花に戯れる「牡丹見《ぼたんみ》の舞」、遊び疲れ眠気を催した獅子にまとわりつくアブを追う「うたた寝の舞」、目が覚め大きく伸び上がって四方の景色を眺める「遠見の舞」の三曲で構成されています。

とくに最後の「遠見《とおみ》の舞」では、獅子の若者が幕の中で肩車をして、身体を反らしながら獅子頭を大きく振るなど、体力とバランスが要求される曲芸的な技の数々が見どころとなっています。

また、阿戸の獅子舞は、古い記録に元禄期に屋台を新調したという記述があり、古老の言い伝えによると、長崎の帆船が由良の港に入ってきて風待ちの間に船乗りから長崎の獅子舞を習ったのが獅子舞の始まりであるともいわれています。

この獅子舞は、温厚な獅子が暖かい日に山奥から小径を通って出てきて、野原で牡丹に戯れ、蝶に戯れ、あるいは獲物を見ては飛びつき、驚いて跳ね、寝転がって体についているノミを取ったり、周囲を警戒しながらも思う存分に遊んで山へ帰っていく姿を表現したもの、といわれています。

（横浜の獅子舞保存会）（阿戸の獅子舞保存会）

「遠見の舞」の力強い、継ぎ獅子の演技が見どころになっている「横浜の獅子舞」。

笛太鼓の囃子にのせて、時に激しく時に繊細な動きを見せる「阿戸の獅子舞」。

神社の境内や御旅所では、氏子地区ごとの屋台の押し合いも盛んに行われる。

阿尾のクエ祭

日高町阿尾
和歌山県指定無形民俗文化財

不定期（以前は一〇月第二日曜日）
ＪＲ紀勢本線「紀伊内原」駅より西へ六・五km

紀伊水道に面する漁師町である日高町阿尾に鎮座し、地元の氏神である白鬚神社で一〇月に行われる秋祭りは、一名「クエ祭」の名でも知られています。

この祭りは、神社を奉祀する世襲の宮座《みやざ》衆による特殊神饌《とくしゅしんせん》の饗進《きょうしん》が主となる行事で、当番衆が中心となり地元で獲れるクエをはじめとする山海の恵みを調進した四八種の古風な神饌と若衆によってクエ御輿・樽神輿・獅子舞の奉納が行われました。

神饌の饗進は、前日までに揃えた神饌を毒見する儀式を経て祭り当日に「神置き」の当番衆宅から神社まで、威儀を正した宮座衆をはじめ晴着を着た女性たちなどが神饌を一品ずつ恭しく捧げながら奉納行列を行います。

この行列が神社の鳥居周辺に到着すると、次に当番衆がこの日のために準備した大きなクエの干物を丸太につるした「クエ御輿」を早く神前に運んで祭りを終了しようとする当屋衆と奇抜な化粧や衣装を着て御輿を阻止しようとする村の若衆が荒々しくぶつかり合う「クエ押し」を行いました。（阿尾区クエ祭保存会）

若衆が神社に奉納するクエ御輿の攻防は、この祭礼最大の見どころ。

丸太に注連縄で括り付けられたクエは、阿尾独特の特殊神饌の一つ。

獅子舞の奉納。

衣奈祭《えなまつり》　由良町衣奈、衣奈八幡神社

・衣奈祭《えなまつり》の神事《しんじ》　和歌山県指定無形民俗文化財
・神谷《かみや》の稚児踊《ちごおどり》　和歌山県指定無形民俗文化財
・小引童子相撲《こびきわらべずもう》　和歌山県指定無形民俗文化財

一〇月第二日曜日（神谷の稚児踊、小引童子相撲は不定期）
JR紀勢本線「紀伊由良」駅より北西へ三km

衣奈祭は、日高町衣奈に鎮座する衣奈八幡神社《えなはちまんじんじゃ》の秋祭です。同社の歴史は古く、海部郡衣奈荘《あまぐんえなのしょう》の氏神として貞観二（八六〇）年に創建された南海道で最も古い八幡宮の一つで、海岸線の入り組んだ白崎海岸周辺の村々を氏子にしています。

祭礼当日、午前八時に三尾川区から出る鰐鼻《わにばな》（オニ・ワニ）が神社に到着し、神主家が使いを受け、「御座衆《ござしゅう》」とよばれる宮座の旧家二四家とともに出社して、総代・区長も集まって神殿式を斎行します。

世襲の御座衆は「黒装束」と呼ばれる家紋入りの黒素襖《くろすおう》を着て、頭に侍烏帽子《さむらいえぼし》を被った姿で参列し、盃事の際には肴である冬瓜膾《かもうりなます》を左手の甲へ乗せて食べる作法を伝えます。一〇時から神前で神輿遷座式が行われ、行列を仕立てて衣奈港近くの御旅所へのお渡りが行われます。

お渡りの順は、鰐鼻二人、獅子頭二人、四明（白装束で大榊や幣を持つ）四人、白装束（鉾を持つ）五人、神饌・唐櫃、御座衆（太刀・金幣・弓、矢などを持つ）二四人、神輿太鼓二人、前の綱、神輿、後の綱、お弓（青着物に白の羽織袴）一三人、神主、供、総代、区長と続きます。

御旅所での神事が終わると、桟敷で神職や御座衆が見守るなか少年一人による「神の相撲」が奉納され、つづいて氏子六区がそれぞれ多彩な芸能を奉納します。地区ごとの出し物は、衣《え》奈《な》（打ち囃し・屋形・獅子舞・稚児踊）、大引《おおびき》（打ち囃し）、小《こ》引《びき》（打ち囃し・童子相撲）、三尾川《みおがわ》（打ち囃し・餅搗き踊）、神《かみ》谷《や》（屋形・獅子舞・稚児踊）、吹井《ふけい》（唐船）など。各地区は、はじめに打ち囃しの一団が、大太鼓の曲打ちを中心に笛・小鼓・鉦など囃子物《はやしもの》を奏でながら御旅所に入場し、それぞれ子どもや若衆が中心となって本芸を披露します。

このうち、神谷《かみや》区が奉納する稚児踊は、言い伝えによれば元禄期に村の有志が京都で習得し伝えた歌舞伎踊りの一種です。演目は「近江八景夫婦踊《おうみはっけいめおとおどり》」で、一〇歳前後の男子八人が、鬘《かつら》をつけ化粧をし、色鮮やかな衣装を着て少女に扮し、三味線と太鼓・拍子木・地唄に合わせて「扇踊り」と「笠踊り」を踊ります。踊りの合間には三歳頃の幼児が奴《やっこ》姿で登場し、小道具の笠を配る所作も可愛らしい演出になっています。

また、小引《こびき》区が奉納する童子《わらべ》相撲《ずもう》は、地区の五歳から一四歳ごろまでの男子一〇人が東西に分かれて、計一〇種目の相撲の型を演じます。その特色は、単に型を見せるだけでなく、あらかじめ勝敗を決め、勝ち力士が勝利を誇示する演技をするなど、他の神事相撲に見られない演出にあります。

（衣奈祭保存連合会）（神谷の稚子踊保存会）（小引童子相撲保存会）

衣奈八幡神社の宮座衆が見守るなか、御旅所の広場で奉納される稚児踊り。

小引地区が奉納する童子相撲は、他では見られないユニークな相撲の技が見どころ。

丹《に》生祭《うまつり》

日高川町和佐ほか、丹生神社
和歌山県指定無形民俗文化財
一〇月第二日曜日
阪和自動車道御坊ICより車で東に四㎞

丹生祭といえば、今では奇祭といわれる「笑い祭」が有名ですが、明治四一年（一九〇八）に旧丹生村内の四つの大字が祀つた氏神（江川《えかわ》：八幡神社、山野《さんや》：真妻《まづま》神社、松瀬《まつせ》：里《さと》神社、和佐《わさ》：丹生神社）を合祀・統合した祭礼です。合祀後に中心となった江川八幡神社を丹生神社と号したため丹生祭と呼ばれ、それまで各神社の祭りで奉納されていた神事や芸能によって祭礼行事が構成されています。

本祭は、早朝の神殿式後に神霊を神輿に奉じ、宮司や宮総代は江川左岸の御旅所に渡御します。丹生神社の地元である江川の屋台と四つ太鼓が県道の上と下を固め、そこへ山野・和佐・松瀬三組の行列を迎えます。すると、「鬼の出会い」として江川の雄鬼・雌鬼が到着順に各地区の鬼を出迎えます。御旅所では河原に安置された神輿の前で神事が行われ、巫女舞と和佐の踊獅子が奉納された後、各地区の舞獅子が奉納されます。

舞獅子が終わると、丹生神社への還御となり、還御行列の先頭は、神官・宮総代・枡持ち・鈴振り・神輿で、鈴振り（もとは先達・長老と呼んだ）が大声で「エーラクジャ、ヨーラクジャ」と叫びつつ、鈴を振り鳴らしながら大笑いして、周囲に「笑え、笑え」とけしかけると、一二人の枡持ちが一升枡の中に幣やカキ・ミカン・アケビなど竹串で一二個貫きさしたものを掲げて「ワッハッハァ」と大声で笑う行為を三回繰り返します。この時、氏子と観衆も一緒になって大笑いをします。この奇祭の起源は不明ですが、『紀伊国名所図会』に「その笑ふ由来は十月は諸神出雲国に到り給ふに、此神ひとり後れ給ひて之ゆき給はざりしを笑ひしより起れりといへり」とあります。

その後、神輿に供奉《ぐぶ》した各地区の額・傘鉾・踊獅子・大小の幟・屋台・四つ太鼓等は、参道横の馬場を通り抜けて宮入りし、ここでも道中同様に大小の幟がさされ、四つ太鼓を押し回します。神前で各組の四つ太鼓の奉納が終わると、巫女舞に続いて、和佐の踊獅子、江川の奴踊り、山野の雀踊り、松瀬の子どもによる竹馬駈けが披露されます。最後に四組の舞獅子が同時に舞う「大神楽」があり、祭典は幕を閉じます。

（丹生祭保存会）

丹生祭を代表する和佐の笑い祭。祭りを盛り上げる鈴振りさんは、神社のキャラクターとしても人気がある。

各氏子区の神社への練り込みでは、鬼同士が大きな身振りで互いに挨拶する出会いの儀礼がある。

土生祭《はぶまつり》　日高川町土生、土生八幡神社ほか

・土生《はぶ》八幡神社《はちまんじんじゃ》のお頭《かしら》神事《しんじ》　和歌山県指定無形民俗文化財

一〇月第三日曜日
JR紀勢本線「道成寺」駅より北東へ一・二㎞

安珍清姫《あんちんきよひめ》の物語で知られる道成寺《どうじょうじ》にほど近い、日高川町土生に鎮座する土生八幡神社の秋祭では、一〇地区から数多くの幟や屋台が出て、終日賑やかに祭りが繰り広げられます。

祭り当日の奉納行事は午前九時ごろから神社境内の広場で順次始まり、それぞれに地区名を染め上げた大きな幟を掲げるほか、ユーモラスな練り込みを行う「小熊《こぐま》の奴踊《やっこおどり》」、笛太鼓の屋台囃子に合わせて舞う獅子舞、若者に人気のある四《よ》つ太鼓《だいこ》などが出ます。その後、午後二時過ぎから神輿の行列が神社を出発して御旅所へのお渡りがあり、午後三時から御旅所祭と各地区の奉納行事が行われます。

なかでも双頭の獅子による「お頭神事」は、土生祭のなかで最も古くからある芸能です。この神事の奉納は、年ごとに当番の氏子地区が受け持つしきたりがあり、「頭屋獅子《とうやじし》」と呼ばれる伝承の形態を持つことが特色の一つとなっています。

「お頭神事」は、神輿に従って神社境内や御旅所祭で演じられ、雄雌が合体した双頭獅子と獅子に対して鉾とササラを持った雄雌二人の鬼（オニ・ワニ）が向かい合い、大きく体を使いながらも獅子を鎮める所作を行います。

笛・太鼓などの音曲を全く用いず、獅子に入った四人と二人の鬼が互いに気配を感じながら獅子に挑むような所作を繰り返し、鬼が突き立てた鉾に獅子がにじり寄り、頭を左右上下に傾ける動作を繰り返し神妙に演じる厳かな獅子舞です。

（土生八幡神社のお頭保存会）

土生八幡神社の境内に幟が立ち並ぶ。

氏子総代らが見守る中、御旅所の神輿の前で厳粛に奉納される「お頭神事」。

土生八幡神社のお頭は、雌雄合体した独特の獅子頭。御神体の一つとして丁重に扱われる。

東岩代《ひがしいわしろ》の子踊《こおど》り

みなべ町東岩代、東岩代八幡神社
和歌山県指定無形民俗文化財

西岩代《にしいわしろ》の子踊《こおど》り・獅子舞《ししまい》

みなべ町西岩代、西岩代八幡神社
和歌山県指定無形民俗文化財

一〇月第二日曜日
東岩代八幡神社　ＪＲ紀勢本線「岩代」駅より東へ徒歩一〇分
西岩代八幡神社　ＪＲ紀勢本線「岩代」駅より北西へ徒歩一〇分

みなべ町の東岩代・西岩代には、一〇月の秋祭に子どもにより演じられる祭礼踊りが伝わっています。東岩代八幡神社と西岩代八幡神社の秋祭りは、いずれも一〇月第二日曜日に行われ、両社の境内にある舞台で各氏子地区の子どもたちによって奉納されます。

東岩代八幡神社の氏子四地区が奉納する子踊りは、「神をいさめの子踊り」（久木）、「萬歳《まんざい》踊り」（中根）、「手習いの子踊り」（東中村）、「奴房《やっこふさ》踊り」（浜）であり、いずれも江戸中期に上方で流行した歌舞伎踊の影響を受けていると考えられます。

踊りは、神社境内の舞台で行われ、幕の内側から若衆が拍子木を打ちながら口上を述べた後、幕が開かれると三才から一二才くらいまでの子どもが手に扇子や採り物を持って、音頭がうたう踊り歌と締太鼓の囃子に合わせて踊ります。

西岩代八幡神社の氏子三地区によって奉納される子踊りは、「千本桜・花の舞・扇の舞」（戸仲）、「黒髪の舞」（西中村）、「奴房踊り（棒踊り・扇踊り・手踊り）」（伏山）です。踊りは神社境内にある回り舞台で奉納されます。幕内から若衆が拍子木を打ちながら独特の口上を述べた後、幕を開くと、三才から一二才くらいの子どもたちが採り物を手に、締太鼓や踊り歌に合わせて踊る点は東岩代と同じ様式です。

いずれの神社の子踊りにおいても、年少の子どもが踊りの列からひとり離れてあちこち歩き回ったり、自分独自のしぐさをしたりして観衆の笑いを誘うことがしばしばあります。

子踊りがいつから始められたかは不明ですが、地元の伝承によると、もとは子どもではなく若衆が踊ったといわれます。文献としては、享和三年（一八〇三）改めの祭礼定書が残っているほか、現在も使用する締太鼓には延享元年（一七四四）のものがあります。古老の語るところでは、元禄期ごろに五穀豊穣を神に祈願するために上方から芸能者を招いてこの踊りを習得したといわれています。

また、若衆の芸能として獅子舞が東西ともに奉納されますが、とくに西岩代の獅子舞は、二人立ちのまま大きな獅子幕を操りながら、鉾を持った鬼のあやしにあわせて力強く舞います。

（東岩代子踊り保存会）（西岩代伝統芸能保存会）

東岩代八幡神社は氏子4地区が子踊りを奉納。少年が娘踊りを演じる「手習いの子踊り」。

西岩代八幡神社は氏子3地区が子踊りと獅子舞を奉納。奴の道中を演じる「奴房踊り」。

寒川祭《そうがわまつり》

日高川町寒川、寒川神社
和歌山県指定無形民俗文化財

一一月三日
阪和自動車道御坊ICより車で北東に四三㎞

寒川祭は、日高川町寒川の寒川神社の祭礼で、毎年一一月二日の宵宮、三日の本祭、四日の裏祭の三日間にわたって盛大に行われます。四人立ちの優雅な獅子舞や、神事に際して酒を呑まない祭りとしても有名です。

本祭の当日、神輿の渡御に先立って神籬《ひもろぎ》の設けられた神社境内において「舞獅子《まいじし》」を行います。それが終わると、すぐに行列を組んで御旅所に向かって出発します。渡御の道中、神輿を先導して獅子とオニ・ワニは「道神楽《みちかぐら》」で舞いながら地区内を巡行し、各地区の氏子が見事な切り花の付いた大幟を出して随行します。

行列が御旅所に参進する直前には、囃子が「薙刀《なぎなた》の舞」の調子に変わり、振袖に赤い襷と鉢巻きをした稚児が薙刀を振りかざし舞いながら参入し、寝ている獅子を稚児が薙刀を左右に振って起こそうとします。すると獅子は勢いよく跳ね起きて再び舞獅子を始めます。それが終わると御旅所での神事が行われ、神事の後、神前で再び「剣の舞」と「鈴神楽」を奉納します。

還御の道中にも「道神楽」が奏でられ、獅子がオニ・ワニとともに舞いながら寒川神社に帰着し、夕闇の迫る中で「長老の舞」などを奉納して終わります。

寒川の獅子舞の起源は、同社所蔵文書の「明神御祭礼ノ事」によれば宝暦八年（一七五八）九月二九日に、浪人医者岡本橋順《おかもときょうじゅん》によって有田郡津木岩淵村（現広川町）から伝えられたとあって、その伝来の時期がはっきりしています。「鹿舞二人」と記されているところからみて、最初は二人立ちであり、その後当地で現在のように四人立ちになったことが分かります。

寒川の獅子舞では、「舞獅子」「道神楽」「剣の舞」「薙刀の舞」「剣の舞」「鈴神楽」「長老の舞」が演じられます。長老の舞の折には、寒川宮司宅に待機しているお多福（天鈿女命《あめのうずめのみこと》）を獅子・オニ・ワニが迎えに行き、社殿に進んで参拝したお多福が獅子たちと舞う「お多福踊り《たふくおど》」が演じられます。

この獅子舞の特色は、神輿の渡御行列が行われる道中でも、獅子・オニ・ワニがともに舞い続ける点にあり、神輿の警固につくオニ・ワニが、その前をなかなか進もうとしない獅子をなだめすかしながら道中を誘導していく趣向をとっています。四人立ちの獅子及びオニ・ワニの足許は、色紙《いろがみ》で綺麗に飾り付けられ、舞に伴い全員の足の動きが常に一致している点は、演じ手の息が合っている証です。

（寒川祭保存会）

寒川の獅子舞は、オニ・ワニを伴い、有田の獅子舞と日高の獅子舞の要素が混じった独特の様式をもつ。

「剣の舞」「鈴神楽」では、4人のうち2人目の舞人が獅子頭をもつユニークな姿勢で舞をつとめる。

名之内《みょうのうち》の獅子舞《ししまい》

日高郡みなべ町清川、天宝神社
和歌山県指定無形民俗文化財

一一月一日前後の日曜日
阪和自動車道みなべICより車で北東に一四km

一一月の初めに行われる清川天宝神社《きよかわてんぽうじんじゃ》の秋祭に五穀豊穣を祈って奉納される獅子舞を「名之内の獅子舞」と呼んでいます。この獅子舞は、熊野地方に多く分布する伊勢太神楽の系統を引く獅子舞で、和歌山県内においてこの系統の流儀を伝える最北限にあたります。

名之内の獅子舞の起源は詳らかではありません。明治以降、何度も消滅の危機にさらされてきましたが、その度に地域住民の保存・継承への熱意に支えられて維持されてきました。

名之内の獅子舞は、「道中」「幣《へい》の舞」「乱獅子《らんじし》」「剣の舞」の四曲三舞からなっています。いずれも二人立ちの舞で、幣の舞は別として、他の舞は一曲の間に何人もの舞い手が入れ替わり立ち替わりするのが特徴です。

幣の舞は、右手に鈴、左手に幣を持って舞うもので実に優雅な動きを見せます。後の舞い手は頭を出して、胴幕の尻尾の部分をねじるようにして手に持ちます。乱獅子は、荒々しく時にしなやかに舞うところに特色があります。剣の舞が一番の見せ所で、剣を手にして勇ましく舞っている間に、突然剣を地面に落としてしまい、それを苦労の末やっと拾い上げる喜びを表現した舞になっています。

本祭当日の半月ばかり前から「ならし」と呼ばれる獅子舞の練習が始まり、それが祭前日の当屋入りまで続けられます。本祭前日には、地区内の各戸で獅子をまわし、御祝儀をいただく「地下回り」が行われますが、名之内地区は約七kmにも及ぶ細長く延びた地域であるため、当屋を起点として点在する家々を一軒ずつ歩いてまわる大変な行程となり、最後に当屋に戻るのが真夜中になることもしばしばであったそうです。

（名之内獅子舞保存会）

天宝神社秋祭で奉納される「幣の舞」。

「幣の舞」は、珍しい振り袖姿で御幣と鈴を持ち、四方を祓いながら華麗に舞う。

「剣の舞」は、幕を広げ、刀と鞘を握りつつ勇壮に舞う。

高芝《たかしば》の獅子舞《ししまい》

東牟婁郡那智勝浦町下里、高芝
和歌山県指定無形民俗文化財
九月敬老の日の前々日
JR紀勢本線「下里」駅より南へ約〇・六km

那智勝浦町大字下里の高芝地区は、熊野灘に注ぐ大田川《おおたがわ》の河口部に位置し、江戸時代には流域の木材、薪炭、農産物等を集積させ、千石船《せんごくぶね》に積載して各地に輸送した物資の集散地として栄えました。

高芝の獅子舞は、寛保年間（一七四一〜一七四四）に阿波国の紺屋次右衛門《こうやじうえもん》の世話により、高芝の氏神である住吉神社の祭礼に獅子舞を奉納したのが始まりとされています。

熊野地方の獅子舞は、伊勢太神楽《いせだいかぐら》の獅子舞を祭礼に採り入れ独自に展開したものですが、高芝の獅子舞は「伊勢流」と呼ばれる獅子舞の典型です。

獅子頭は赤漆塗り鼻黒の雄獅子、獅子頭を納める屋台は後部に大太鼓、側面に締太鼓《しめだいこ》を置き、笛方を従えて明るく軽快な囃子を演奏します。また、行列には提灯二丁を提げた「十二竿《じゅうにさお》」一対と、色鮮やかな「天蓋《てんがい》」が随います。

獅子舞の曲目は、「幣《へい》の舞」、「乱獅子《らんじし》」、「剣《つるぎ》の舞」、「神明賛《しんめいさん》」、「扇の舞」、「神供《じんぐ》の舞」、「牡丹獅子《ぼたんじし》」、「寝獅子」、「天狗獅子」などがありますが、特に扇子二本を持って舞う「神明賛（神明社）」では若衆が歌を合唱し、優雅な舞を見せます。歌の前段には、座摩宮《ざまのみや》、生玉社《いくたましゃ》、高津宮《こうづのみや》など大阪浪速《なにわ》に鎮座する神社の名を挙げ、後段には江戸後期に流行した「大津絵節《おおつえぶし》」が採り入れられるなど、廻船による海上交易を通じた上方文化の影響がみられます。

このほか、獅子が百花の王といわれる牡丹の花を得ようとして、花枝を付けた竿に噛み付き花に迫る「牡丹獅子」や、眠りから覚めた獅子が猛然と天狗に挑む「天狗獅子」など力強い舞曲を披露します。

（高芝の獅子舞保存会）

牡丹の花を得ようと迫る獅子。

高芝の獅子舞は、伊勢太神楽に近い「伊勢流」の代表格。獅子頭の鼻が黒いのも、伊勢流の証とされる。

高芝に伝わる「神明賛」では、大阪の神社名が歌い継がれ、上方とのつながりを感じさせる。

三輪崎《みわさき》の鯨《くじら》踊《おどり》・獅子舞《ししまい》　新宮市三輪崎、三輪崎神社

・三輪崎《みわさき》の鯨踊《くじらおどり》　和歌山県指定無形民俗文化財
・三輪崎《みわさき》の獅子舞《ししまい》　新宮市指定無形民俗文化財

九月中旬の日曜日
JR紀勢本線「三輪崎」駅より南東〇・七km（三輪崎漁港）

新宮市三輪崎は、熊野灘沿岸に面し、古く万葉集に「神の埼」として登場する海村で、漁師が冬から春にかけて鯨漁を行う捕鯨の基地としても栄えました。

地域の氏神である三輪崎八幡神社の祭礼は、五穀豊穣・商売繁盛・航海安全等を祈り毎年九月一五日に行いますが、祭日が平日の場合は神事のみ執行し、後日九月中旬の日曜日に神輿渡御式を行います。

神輿のお渡りは、八幡宮神輿を中心に氏子域を神幸し、船形の「恵比寿山車」や「二十四孝山車」と綱を曳き後ろから走り込んだ「大黒山車」がぶつかりながら巡行します。また、御旅所では鯨踊や獅子舞、台楽踊りなどが奉納されます。

なかでも三輪崎の鯨踊は、「捕鯨踊」とも呼ばれ、江戸時代に新宮領主の水野氏が捕鯨組を直接経営して以降、当地で盛んに行われた鯨取りの型を舞踊化したもので、三輪崎組と呼ばれた捕鯨集団が、鯨の大漁を祝して演じた踊りです。

三輪崎の鯨踊は「殿中踊」と「綾踊」の二曲が伝承され、殿中踊は、日の丸扇を手にした輪踊りで網を投げて鯨を取り巻く様子を、綾踊は膝立ちとなる座踊りで綾棒を手に銛を投げクジラを突く所作を表します。平成二八年に登録された日本遺産「鯨とともに生きる」の構成文化財に選ばれています。

捕鯨が盛んな頃には、大漁の度に鯨踊を踊ったと伝わりますが、明治以降、捕鯨が衰えるにつれ踊りも一時廃れかけました。しかし、昭和三年（一九二八）に三輪崎青年会有志が復活させ、現在は九月中旬に行われる三輪崎八幡神社の秋祭で奉納されています。

（三輪崎郷土芸能保存会）

鯨踊の練習が行われる三輪崎青年会館。

あざやかな踊り衣裳で、日の丸扇を手に輪になって踊る「殿中踊り」。

膝立ちになり、「ヨイハッ」の掛け声とともに銛を投げるふりを踊る「綾踊り」。

太地《たいじ》のくじら踊《おどり》

太地町太地
和歌山県指定無形民俗文化財
八月一五日、一〇月(勇漁祭)
JR紀勢本線「太地」駅、町営バス「漁協前」バス停下車

太地のくじら踊は、捕鯨の町として知られる太地町太地に伝えられた、クジラの豊漁を祝う踊りです。

太地浦の捕鯨の歴史は古く、江戸時代初期に当地の豪族だった和田忠兵衛頼元《わだちゅうべえよりもと》が、尾張国師崎《もろざき》の漁師伝次《でんじ》と、和泉国堺の浪人伊右衛門《いうえもん》とともに慶長一一年(一六〇六)に太地浦を基地として、銛《もり》を使った突き捕り法による捕鯨を考案しました。この技術は、その後全国に普及して各地で捕鯨が行われるようになりました。その後、延宝三年(一六七五)には、和田頼治《わだよりはる》(太地《たいし》角右衛門《かくうえもん》)が網取り法を考案したことによって、太地をはじめ熊野の捕鯨は飛躍的に発展しました。

この踊りは、もとは仕留めたクジラを浦へ持ち帰る際に喜びを示した凱旋《がいせん》の踊りとして、捕らえたクジラを運ぶためにクジラを挟んで並行させた二艘のモッソウ船の上に板を渡して、漁に出ていた若衆が居並んで座り、刃刺《はざし》が叩く締太鼓と音頭の歌にあわせて座って威勢よく踊ったものでした。

古式捕鯨から近代捕鯨への転換によって太地浦の伝統的な捕鯨組や踊りは明治期にいったん廃れましたが、その後昭和七年(一九三二)になって復活しました。平成二八年に登録された日本遺産「鯨とともに生きる」の構成文化財に選ばれています。

現在は、太地町民芸保存会のくじら踊部会が、紅白の綾棒を手に持って踊る「綾踊り」と、両肌を脱ぎ上半身でクジラを捕った喜びを力強く踊る「魚《いを》踊り」の二曲を伝承し、地域の行事やイベント等において披露しています。

(太地町民芸保存会)

太地町の町並み。

綾棒をあやつり、鯨船の上での作業を表現した太地の「綾踊り」。

「魚踊り」はクジラを仕留めたモッソウ船の上で、両肌脱ぎになり大漁の喜びを表現した踊り。

芳養《はや》八幡神社《はちまんじんじゃ》の秋祭《あきまつり》

田辺市中芳養、芳養八幡神社
和歌山県指定無形民俗文化財

一一月二日・三日
ＪＲ紀勢本線「紀伊田辺」駅より路線バス約二〇分、「田尻橋」下車、徒歩五分

芳養八幡神社は、平安時代以降、山城国石清水《いわしみず》八幡宮の社領となった芳養《はや》庄で、鎌倉時代、地頭湯浅氏の横暴に対して荘鎮守として八幡神社が勧請されたと伝えられます。

室町時代には湯川氏の庇護《ひご》を受け、神事料の寄進、社殿の造営、別当寺鷲峰寺や末寺神宮寺等が整備されました。その後、天正一三年（一五八五）の豊臣秀吉の紀州攻めにより悉く焼失しましたが、近世には田辺領主浅野氏、安藤氏の寄進を受けて再興し、中芳養《なかはや》・上芳養《かみはや》八ヶ村の総産土神となりました。その後、明治の神仏分離により別当寺が廃寺になるなどしましたが、八ヶ村の氏神として今日に到っています。

芳養八幡神社の秋祭は、毎年一一月二日、三日に行われる同社の例大祭で、現在、本州最南端で行われる馬駈《うまが》け行事としても有名です。

二日の宵宮は、氏子八区から出場する八頭の役馬が芳養の中浜海岸（潮垢離場《しおごりば》）に集まり、祭礼の無事を祈る清祓の神事（シオカケ）を執り行い、竹筒に浄めの潮水を汲んで持ち帰ります。その後、馬八頭が宮に帰り、馬の「馬場見せ」行事があり、各地区より若衆が馬を引き馬子唄《まごうた》を歌いながら神社に集まります。馬を引き回した後、帰路に地区ごとに氏子の家々を回り、馬子唄を歌って、御神酒や祝儀を受けながら帰ります。

三日の本祭は、氏子八区の各当屋から役馬を先頭にして幟などが宮入りします。馬は控所の陣屋の四方清め（米・塩・酒の祓い）を行った後、それぞれ陣屋に入り、その後、化粧鞍、化粧手綱、前垂れ・後垂れ、たちぎき（房）、ばれんなど、華麗な馬具で飾り付けを行います。

正午に神前で三回廻りながら四方祓《しほうはらえ》の儀があり、その後、馬八頭による流鏑馬《やぶさめ》神事が行われます。それが済むと神輿渡御があり、馬場先の一の鳥居の外にある御旅所へ進む上幸式が行われ、神事や巫女舞の奉納があり、昼食後に神社へ還御します。その後、馬場では馬二頭ごとに馬駈けが盛大に行われます。

夕刻、祭礼が終了し、各地区は馬の背に金幣をつけて当屋に帰りますが、この時に唄われる馬子唄は情趣に富んでいます。翌日は当屋こぼち（馬小屋の解体）が行われます。

（芳養八幡神社秋祭保存会）

色鮮やかな馬具や衣装を身にまとって行われる流鏑馬神事。若衆が立てた的にみごと矢が当ると、紙吹雪が舞う。

祭りの最後に、神社の馬場で8頭の馬が疾走して早さを競う、馬駈けが行われる。

住吉踊《すみよしおどり》

田辺市長野、長野八幡神社
和歌山県指定無形民俗文化財

一一月三日
ＪＲ紀勢本線「紀伊田辺」駅より路線バス約二五分、「峰」下車、徒歩五分

長野八幡神社は、「那須八幡《なすはちまん》」、「那須与一《なすのよいち》の八幡さん」と呼ばれ、那須与一宗高が鎌倉から御神体を携えてきて、この地に創建したと伝えられる山間の神社です。同社の例祭は、旧暦八月一五日でしたが、現在は一一月三日に行われています。

住吉踊は「笹踊り《ささおどり》」あるいは「お神楽踊り《かぐらおどり》」ともいわれ、二三名の若者が右手に日の丸扇子、左手に熊笹を持ち、先頭の締太鼓を持つ音頭取り（一番音頭）と音頭分け（二番音頭）に続いて、社前に円陣を作り、太鼓に合わせて静かに踊ります。

先頭の二人（扇と笹は帯に差す）は、巴《ともえ》の五つ紋をつけた紺の着物、踊り手は水色の着物で、どちらも袴を着け、白足袋に紙つけ草履を履いています（古くは音頭取りのみが袴をつけ、ほかはすべて着流しであったという）。

まず全員が社前で参り、音頭取りが音頭をたたきだすと、半円を描きながら社前を離れ、タマリ（踊り始める地点）へ進みます。最初に神降ろしの歌を唱和し、音頭取りの太鼓に合わせて右回りしながら踊ります。一回りに同じ歌詞を三回歌いますが、歌詞が三番まであれば三回廻ることになります。神降ろし（御神歌）の一番は、踊る前に並んだままで唱え、二番から位置を取り、踊り歌を唱和して左足から踊り出します。

音頭取りと音頭分けが「千早振る《ちはやふる》」と謡えば、踊り手は「ヤーオンハー」と囃します。その仕草を見る限り、テンポの悠長な優雅な踊りです。しかし、一回ごとの打ち切りは、最初の地点に寸分違わず回り来たり（右足で終わる）、歌も踊りも過不足がないようすべて合致せねばならず、音頭取りと音頭分けが太鼓を打つ音も神前で踊るためバラバラになってはいけないとされ、少しでも間違うものは音頭取りができなかったほど厳格さが求められました。

神降ろしの歌、踊り歌の歌詞は、前半は田辺祭の御神歌、中段は一ノ瀬大踊り（上富田町）の歌詞に通ずるものがあります。

安永四年（一七七五）の「神社祭礼調」には、「八月十五日御幣渡、獅子舞、並に笹踊と申候而、氏子之者共笹を持、神前にて踊り申候」とあるように、現在でも住吉踊りを笹踊りと称する古老が多くいます。

（住吉踊保存会）

古式に則り、23名の若者が着物袴姿で、時計回りにゆっくり歩みを進めながら踊る。

締め太鼓と踊り歌に合わせながら、笹と扇を手にした踊りの奉納を厳粛に行う。

野《の》中《なか》の獅《し》子《し》舞《まい》

田辺市野中・近露、継桜王子ほか
和歌山県指定無形民俗文化財

一一月三日
JR紀勢本線「紀伊田辺」駅より路線バス約八五分、「一方杉」バス停下車

野中地区の産土神《うぶすながみ》である継桜《つぎざくら》王子社《おうじしゃ》は、熊野九十九王子の一つで、旧熊野街道（中辺路《なかへじ》）沿いに鎮座します。樹齢数百年を経た県指定天然記念物「野中の一方杉《いっぽうすぎ》」は、熊野三山（那智大社）へ向かって聳えています。

この王子社に奉納される野中の獅子舞について、地元では南北朝時代、南朝の大塔宮護良親王《おおとうのみやもりながしんのう》が熊野方面へ援兵を募りに来た際、近露や野中の郷士たちはこぞって御味方に加わり、王子社を表す「若一王子権現《にゃくいちおうじごんげん》」の大幟《おおのぼり》を押し立てて駆けつけたといい、この獅子舞も南朝の士気を鼓舞し、その武運長久を願って演じたことに始まると伝えます。なお、現在の獅子の舞い方は、江戸末期に地元の大庄屋渡瀬氏の肝いりにより、新しい流儀を取り入れたとのことです。

曲目は、「道中神楽」「お神楽（幣の舞）」「乱獅子」「花懸《はなが》かり」「うかれ獅子」「剣の舞」の六曲で、以前は「継獅子《つぎじし》」などもあったそうですが、「うかれ獅子」の最中にヒョットコが獅子の背中に馬乗りになるなど、他に見られない工夫があり、カネマキや剣の舞も見事です。

正月三日の地下廻《じげまわ》りは、新年の祝いと悪魔祓いを兼ねて地区の一軒一軒を舞い廻り、夜は当屋に泊まり込みます。その当屋入りや出立ちの儀礼も古式を残し、山里の素朴な風習をよく伝えているといえます。

秋祭当日の一一月三日は、近野《ちかの》神社、近露王子《ちかつゆおうじ》跡、継桜王子社において獅子舞を奉納し、夜は当屋において全曲が演じられます。獅子は頭に一人、胴に四、五人が入り、天狗とお多福、笛一人から二人、大太鼓と締太鼓が続きます。この道中の曲が大変良いというので、本宮大社の祭礼行列にも参加したことがありました。

昭和二年（一九二六）には県下に先駆けて保存会を結成し、近年では、隣接の近露地区の青壮年の協力を受けて「近野の獅子舞」と称し、毎月日を決めて稽古に励むなど、伝統ある郷土芸能の保存継承に地域一丸となって努力しています。

（近野獅子舞団）

まるで生きているかのようなリアルな表情を見せる獅子が、野中の獅子舞の魅力。

神事舞として重要視される「剣の舞」。お囃子の奏でる大太鼓や笛の音が、継桜王子社の森にこだまする。

上野《うえの》の獅子《しし》舞《まい》

田辺市下川下、春日神社
和歌山県指定無形民俗文化財

一一月三日

ＪＲ紀勢本線「紀伊田辺」駅より路線バス約七〇分、「富里連絡所」下車

上野の獅子舞は、田辺市下川下の春日神社に合祀される伏菟《ふど》野《の》神社に、室町時代から伝承された獅子舞で、現在は毎年一一月三日に行われる春日神社の秋祭に奉納されています。

祭礼当日、午前一〇時から神前式が行われますが、上野の屋台は昼前に宿を出発し、約一㎞の道中を「道神楽《みちかぐら》」で囃しながら、屋台を担いで春日神社に向かいます。社前に参入した一同は、お祓いを受けた後、拝殿で「御神楽《おかぐら》」（獅子による巫女舞）を奉納し、次いで社壇下の広場で獅子舞を奉納します。

上野の獅子舞の起源について、地元では遠く室町時代に遡るとしていますが、古文書や道具類は、昭和二九年（一九五四）の大火によって焼失したため不明です。

この地では、獅子舞が単なる神賑わしの行事ではなく、厳粛な神事として、また村人の平安と五穀豊穣を祈願する最大の行事として重要視されてきました。そのことは、祭りだけではなく、元日の朝における社頭の獅子舞や地下を廻る祓いのしきたり、あるいは新築の「やがたみ」などにも強く意識されていたようで、今も獅子舞を習得しそれを継承することが、上野地区の精神的支柱となっています。

この獅子舞も、伊勢太神楽の一系統で、「御神楽」「幣の舞」「乱獅子」「くぐり」「神《しん》ばやし」「ごしゃく」「花がかり」「扇の舞」「剣の舞」と、道中を囃す「道神楽」の一〇曲九舞が伝わります。

春日神社では、午前一〇時から神前式があり、式が終わったところへ獅子の一団が到着します。境内には、莚《むしろ》が三〇枚敷きつめられ、その上で九曲の獅子舞が演じられます。

まず、「御神楽」で手に御幣と神楽鈴を持ち、神前に恭しく額ずいた後、笛・太鼓の囃子で拝礼を七回繰り返し、三回舞って他言無用の拝詞《おがみことば》を唱え、七回舞って三回拝礼します。

その後、「幣の舞」「くぐり」「神ばやし」となると、三ｍもある真竹の台笠に、アオキの葉を青々と飾り、毬や造花を紐でぶら下げたものに獅子がじゃれつく仕草をします。次に、「ごしゃく」「花がかり」「剣の舞」、最後に天狗とお多福が手に御幣と日の丸扇子を持って乱舞します。

（上野の獅子舞保存会）

熊野の山間部の祭りとして、地元の人々に長年愛されている上野の獅子舞。

春日神社の拝殿で奉納される「御神楽」には、巫女神楽の作法が採り入れられている。

堅田祭《かたたまつり》

西牟婁郡白浜町堅田、堅田八幡神社
和歌山県指定無形民俗文化財
一一月一四日・一五日
JR紀勢本線「白浜」駅より南へ一㎞

堅田祭は、毎年一一月に白浜町の堅田八幡神社で行われる秋祭りです。祭りの起源は不明ですが、古風な雄雌の笠鉾が練り歩く渡御行列や羯鼓《かっこ》を打ち鳴らす「ヤツハチ」「獅子」の稚児舞など室町時代に遡りうる古風な祭礼様式を残すとともに、地域の若衆組による獅子舞の競演が見どころになっています。

このうち笠鉾《かさほこ》は、堅田区のなかで回る三つの当番班で祭り前日に作られるしきたりで、それぞれ雄雌一対（計六基）の笠鉾を出します。笠の頂上には松と稲の初穂が掲げられ、村の安泰と豊年感謝の祈りが込められます。

またヤツハチと獅子を演じる稚児は、三才から六才の男子四人が務める習わしで、精進潔斎をして祭りに参加します。稚児の任期は四年で、毎年二才から三才の男子から一人選ばれ、初年はヤツハチの「月輪《がちりん》」、二年目は「日輪《にちりん》」、三年目に「獅子《しし》」、四年目は「雇われ」となり、前の三人は舞を担当し、「雇われ」は月輪の稚児が幼齢で奉仕できない場合に代役を務めます。

祭礼当日、祭りの奉仕者は地区内の福田地蔵堂に集まり、稚児は肩車をされながら六基の笠鉾とともに行列して八幡神社へ向かいます。神社に宮入りして祭典が済むと、笠鉾は「笠やぶち」と称してその場で壊され、続いて境内にある仮設舞台で稚児舞が奉納されます。

その後に奉納される獅子舞は、熊野地方に広く分布する「古《こ》座流《ざりゅう》」の獅子舞で、江戸時代中期に古座の吉松という人物から習ったという伝承があります。

堅田の獅子舞は、上組・下組の二組の若衆組が競い合う形で、境内を左右に分け敷き詰めたムシロの上で、二組同時に奉納する点に特徴があります。演目は、上組下組共通の「幣《へ》の舞《まい》」「乱《らん》獅子《じし》」「剣《つるぎ》の舞」「玉獅子《たまじし》」「扇の舞」「浮かり」「花懸《はながか》り」「神明《しんめい》の舞」など古座流の曲のほか、下組にのみ「飛獅子（のたり）」が伝わります。

このうち、最初の「幣の舞」と最終の「神明の舞」は神事舞として、舞手は紺の着物・白足袋の正装で奉納を行い、常に腰を屈め獅子頭を揺らして巫女の神がかりのような舞を披露します。このほか獅子幕を広げて剣や扇などを使う舞や天狗やお多福の群舞などが登場します。地元では「堅田の獅子舞、これからこれから」と称されるように、獅子舞の競演は延々三時間以上にわたって続きます。

（堅田祭保存会）

華麗な衣装をまとい、胸に鞨鼓をつけた日輪・月輪の2人の稚児が、舞台上でヤツハチの舞を演じる。

上組と下組の若者が奉納する獅子舞の競演。囃子曲や舞い方は互いに違っている。

岡《おか》の獅子《しし》舞《まい》

上富田町岡、八上神社
和歌山県指定無形民俗文化財

二月二三日
阪和自動車道南紀田辺ICより東南約八㎞

岡の獅子舞は、八上神社と田中神社の祭礼に奉納される芸能として伝承されたものです。地区の氏神である八上神社は、熊野九十九王子の一つである「八上王子社」として古い歴史があります。

毎年二月二三日の祭礼当日は、午前九時に若衆が獅子宿に集まり、祭りの行列に加わって道神楽《みちかぐら》を行い、約一時間かけて八上神社に到着します。

拝殿には、各家の願主から大きな御幣とオバナチ（榊・しめ縄・餅一重・洗米）を納めた盆が一〇歳頃までの少女の頭上に載せた赤布と藁製の輪に載せて奉納され、祭り自体はこの古風な奉幣神事が中心となります。

神殿での神事は、神職の祝詞につづき参拝者の玉串奉奠《ほうてん》と巫女の湯神楽が行われます。その後、拝殿では獅子舞団が舞を奉納した後、社前の広場に移って他の諸演目が披露されます。

岡の獅子舞の由緒については、上方の法師が伝えた佐野流の獅子舞と安政期に伝わった古座流の獅子舞が融合したと伝えられ、古座流の獅子舞については安政年間に田野井（現白浜町）から伝わったという伝承があります。

八上神社の参道で演じられる道神楽では、獅子がお渡りの警固役として行列を先導し、笛太鼓の囃子にのせて激しく舞います。獅子の中には四名ほど入り、椿の木で獅子の背中を大きく膨らませて練り歩く点に特徴があります。

宮入り後に拝殿で奉納される獅子舞は四曲あり、前半の「幣《へ》の舞《まい》」「しゅでの舞」は頭一人・尾引一人で舞い、後半の「剱《つるぎ》の舞」「神楽頭」は七反もの大きな胴衣に七人が入って勇壮に舞います。拝殿の前庭での舞は「大神楽」より始まり、牡丹の花に戯れる獅子の様子を舞う「花一連《はないちれん》の舞」となります。途中、花にうかれ眠気を催した「寝獅子《ねじし》」があり、天狗・おかめ・ひょっとこが出現して、寝ている獅子の廻りで剽軽《ひょうきん》に踊ります。

（岡の獅子舞団）

八上神社の拝殿では神事舞として「幣の舞」など演じた後、拝殿の前庭で観客も楽しんで獅子舞が奉納される。

神事の祈願者は、大きな御幣と少女の頭の上にのせたオバナチを持ち、行列して氏神の前に進む。

ねんねこ祭《まつり》

東牟婁郡串本町田原、木葉神社
和歌山県指定無形民俗文化財

一二月第一日曜日
JR紀勢本線「紀伊田原」駅よりすぐ

ねんねこ祭は、熊野の海岸部でも朝には田畑の日陰に霜が下りる一二月初旬に、串本町田原地区に鎮座する木葉神社で行われる例祭です。

同社は古くから「祢《ね》んねこの宮」と称され、とくに安産育児や小児の難病平癒に霊験が篤いと伝えられ、本社の形が屋根の無い珍しい木組みの社殿であることでも知られています。

ねんねこ祭は、もと一二月一日を祭日として、大きく①朝日遥拝、②本殿での祭典、③拝殿での神事、④獅子舞の四部に分けて構成されます。

朝日遥拝では、晴着の少女が頭におひつ（お供えの御飯と榊）をのせた「御飯持《ごはも》ち」を務め、早朝に少女を先頭にした渡御の一行が、拝殿より約百m先の遥拝所まで、鈴の一振りで一歩ずつゆっくりと進み、拝所にお櫃を供え朝日を遥拝します。

その後、本殿では釜に沸かしたお湯を使って湯立ての儀を行い、巫女舞が奉納されます。

次に、祭りの場所を拝殿に遷して特殊神事が行われ、祭壇に供えた一升桝に白米を入れ、その上に「ウズラ」（折り紙）を乗せ弓で射る「お弓の儀」、「みかんを食おか、こうじを食おか、酒を飲もか」と、斎主と童子が掛け合い問答をする「みかん問答」、首の後ろに巻いた茣蓙を背負う姿、次にまくらを背負う姿、さらにおちち（白い袋に米を入れた布形）をたらした姿にて、斎主と童子がそれぞれ1回ずつ「ねんねこ、ねんねこ、ころろんよー」と子守歌を歌う「子守の神事」など、ここにしかない独特の所作の神事が続きます。

その後、境内広場に畳を敷き詰め奉納される「田原の獅子舞」は、紀南地方に多い古座流獅子舞の典型的な姿を保ち、高池（古座川町）から修得したとの伝承があります。獅子舞の奉納は二時間を超え、多彩な演目でレベルの高い迫力の演技が披露されます。

（ねんねこ祭保存会）

白い布袋の「おちち」を持ち「ねんねこ、ねんねこ…」と唱えると、観衆から笑いがおきる。

朝日に捧げるご飯の入った御櫃を頭に乗せ、一歩ずつ歩みを進める「御飯持ち」の少女。

紀州《きしゅう》備長炭《びんちょうたん》製炭《せいたん》技術《ぎじゅつ》

田辺市・みなべ町・日高川町ほか
和歌山県指定無形民俗文化財

紀州備長炭は、紀南地方に自生するウバメガシを原材料とし、一二〇〇度以上の高温による製法をもって焼き上げた白炭《はくたん》（堅炭《かたずみ》）です。

和歌山県は日本有数の白炭の生産量を誇り、和歌山県南部の田辺市・みなべ町・日高川町を中心に白炭が生産されています。備長炭は、おもに調理用燃料として全国に販路を持つ県の特産物になっており、年間約一二〇〇トンが生産されています。

備長炭の名の由来は、元禄年間（一六八八～一七〇三）に紀州田辺の炭問屋・備中屋長左衛門《びっちゅうやちょうざえもん》の取り扱う炭を名付けて「備長炭」としたのが始まりとも言われます。

紀州備長炭の品質の高さは、原料となるウバメガシの存在をはじめ、窯《かま》の構造・製炭方法も品質の高さに関係しています。

山で切り出された原木は、窯に入れる前に「木ごしらえ」をして、順番よく窯に入れられるよう原木の太さを揃え、並べて準備しておきます。次に、原木を窯の中に入れていく「木くべ」の作業を行い、焚き口を残して窯を閉じ、雑木などを燃やしていく「口焚《くちた》き」を行います。

数日間「口焚き」を続けると、はじめに水分を含んだ白い煙が出ていき、徐々に青味がかった色に変化していきます。そして「炭化」が始まると、焚き口を閉じてしまい窯の中で蒸し焼き状態にします。炭化には一週間ほどかかり、終わり頃に窯の口を開け空気を送り込みます。すると、窯内の炭材や揮発成分に火がつき、窯内の温度は一〇〇〇度を超え、炭素以外の不純物が焼き尽くされて炭化が進みます。この作業を「ねらし」といいます。

よく焼けた備長炭は、頃合いを見てエブリという道具を使って熱い窯から取り出され、灰と砂を混ぜた「素灰《すばい》」をかぶせ、空気を遮断して消火します。この素灰が炭の表面について灰白色の炭となることから、「白炭」と呼ばれています。

（紀州備長炭製炭技術保存会）

窯から取り出され、硬く引き締まった紀州備長炭。炭火を使う多くの料理店で欠かせない燃料となる。

窯口の炎を色や煙突から出る煙の状態を見て、中のウバメガシの炭化の進み具合を見極める。

世界遺産に登録された熊野三山（熊野本宮大社・熊野速玉大社・熊野那智大社）は、熊野の自然崇拝や修験道などが融合して成立した、日本有数の聖地です。

熊野三山に伝えられる祭礼・行事は、熊野の山や川・岩・滝・森・海などの前で儀礼や芸能を行うものもあり、大自然への畏敬の念を祭祀のなかに見ることができます。

第7章 熊野三山の祭礼行事

新宮の速玉祭（新宮市）／9艘の早舟が熊野川に浮かぶ御船島を3回めぐり、速さを競う「早舟競漕」。

八《や》咫烏《たがらす》神事《しんじ》

田辺市本宮町本宮、熊野本宮大社
和歌山県指定無形民俗文化財

一月七日
ＪＲ紀勢本線「紀伊田辺」駅より、路線バス「本宮大社前」バス停下車

熊野本宮大社の「八咫烏神事」は、毎年一月七日に行われる牛玉宝印《ごおうほういん》の押《お》し初《ぞ》めを行う神事です。

熊野本宮大社はじめ熊野三山では、年が改まった正月に、熊野の神々の神徳が新たに蘇るにあたり、熊野信仰の霊験の象徴である牛玉宝印を新たに製する儀式として行われてきました。

一月七日の夕方午後五時から、摺り初めした牛玉神符を忌火《いみび》で浄め、新しく作ったその年の宝印の押し初めを行います。

宝印は、毎年正月四日に新たなものを拵えることになっており、本宮大社の神門に、一二月末に右側に黒松（雄松）、左側に赤松（雌松）を心木とした門松が立てられ、正月三賀日に飾られます。宝印の材料は、この門松一対のうち黒松の幹を用い、地元の職人が木の根元の部分から新しい宝印を削り出します。

神事は、午後五時より黎明殿にて執り行われ、神前には神饌のほか、牛玉杖《ごおうづえ》、宝印、帖紙《たとう》などが献じられます。祭典の後、建物内が暗くなると、かけ声とともに柱に最初の印が捺されます。その後、神職らに白玉牛玉《しらたまごおう》と呼ばれる無地の帖紙に宝印が押され、次いで、参拝者にも宝印が授けられます。

（熊野本宮大社神事保存会）

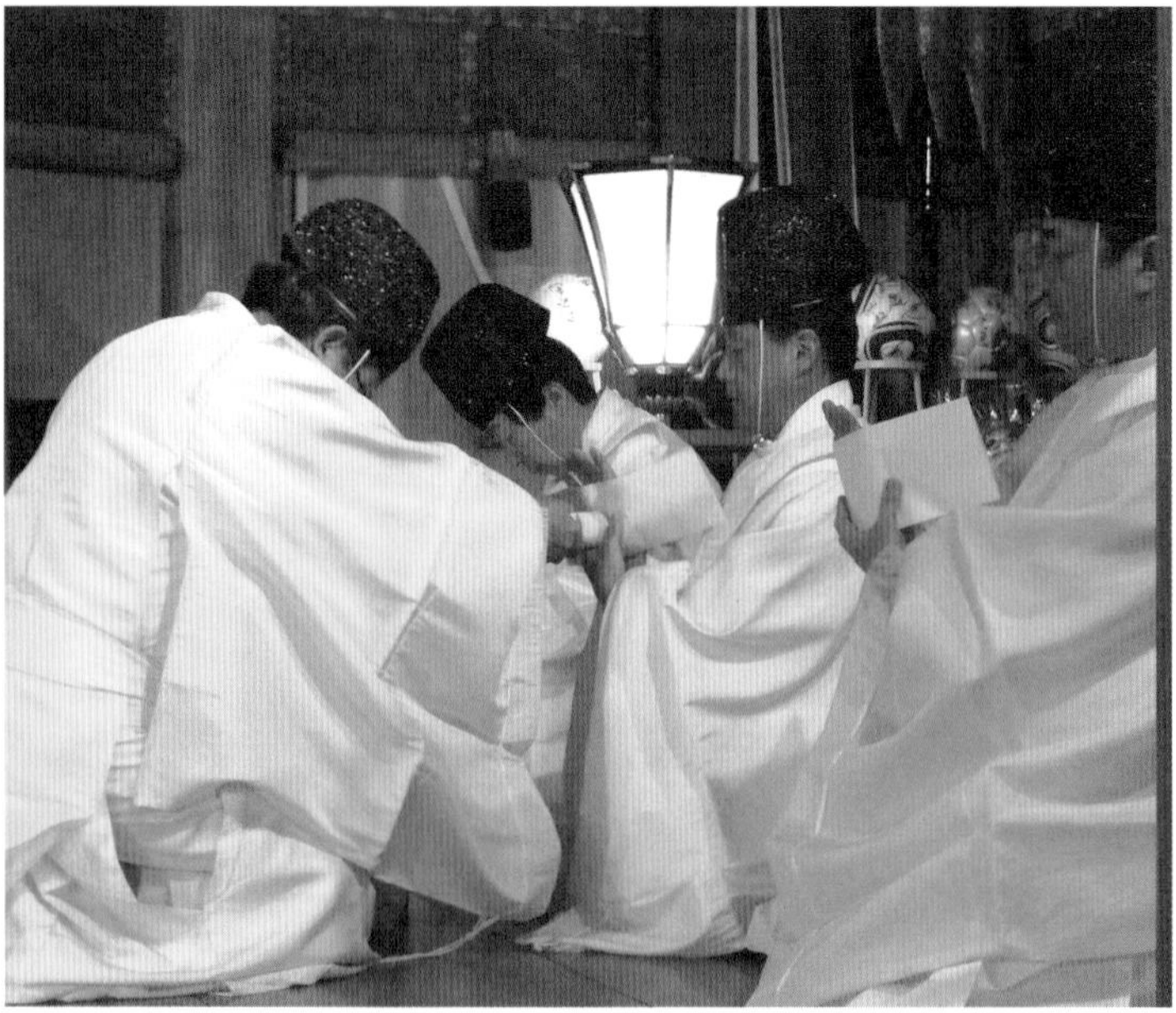

その年の新しい宝印を掌に重ねた帖紙に強く押し付け、熊野の神々の力をいただく。

熊野《くまの》本宮《ほんぐう》の湯登《ゆのぼり》神事《しんじ》・御田祭《おんださい》

田辺市本宮町本宮
和歌山県指定無形民俗文化財

四月一三日（湯登神事）、一五日（御田祭）

熊野本宮大社では地域の安泰と当年の豊作を祈る「御田祭」が行われ、当地域最大の祭礼として地元の人々に「神事《じんじ》」の名で親しまれてきました。

四月一五日に行われる御田祭に先だち、四月一三日には精進潔斎の儀礼として「湯登神事《ゆのぼりしんじ》」が行われます。

神事の当日、例大祭に参加する神職・役人が湯峰温泉で「湯垢離《ゆごり》」を行い、湯峯王子《ゆのみねおうじ》を参拝後、徒歩で大日越《だいにちごえ》の古道を登り、山越えをして本宮の旧社地大斎原《おおゆのはら》へ至ります。神事の道中、熊野十二所権現の使いとされる一二人の稚児は、神聖な存在として地に足を付けることが許されず、肩車をされて渡ることとなっており、各拝所で「八撥《やさばき》の舞」を奉納します。また同日夕刻には、祭員一同が大斎原へ行列して一五日の祭礼を神前に奉告する「宮渡神事《みやわたりしんじ》」が行われます。

「御田祭」が行われる四月一五日は、午前中に本殿前に四基の挑花《ちょうばな》を飾って例大祭の祭典が執り行われ、午後から本宮の人々による長大な神輿渡御の行列が町中を練り歩きます。

湯峰温泉から本宮大社に至る大日越は、およそ3キロの道のり。その間、稚児は地に足を着けてはならない。

御田祭の中核となる祭儀は、神輿渡御の御旅所になっている旧社地大斎原の斎庭《ゆにわ》で行われる御田植神事です。神輿の前に四本の杭と注連縄で囲い、神田《しんでん》に見立てた約三m四方の空間を作り、古風な田歌が歌われるなかその周囲を、鋤《すき》持ち・杁《えぶり》持ち・苗持ちの男子と晴着に花笠を被った早乙女の女子たちが、時計回りに三周して最後に「神田」に苗やサカキを投げ入れて豊作を祈ります。

熊野本宮大社に伝わる神事・行事は、子どもが主役となるものが多いことが特徴ですが、とくに御田祭は、同社第一殿に祀られ、万物の成長を司る豊穣の女神である熊野夫須美大神《くまのふすみのおおかみ》に、豊作や子どもの健康を祈る行事として、熊野三山における農作に関する神事の典型を示しています。

（熊野本宮大社神事保存会）

御竈木神事《みかまぎしんじ》

一二月一〇日

田辺市本宮町本宮、熊野本宮大社
和歌山県指定無形民俗文化財

御竈木神事は、熊野本宮大社のある田辺市本宮町本宮地区に生まれた〇歳から一五歳までの氏子の男子が、毎年一二月一〇日の早朝に「ヒギ」と呼ばれる小さな白い薪束一荷を担い、本

花笠をかぶり着飾った子供たちが早乙女になり、神輿の前に設けた神田を3度めぐる「御田祭」。

宮大社へ奉納する行事です。

熊野本宮大社では、この木を「御竈木《みかまぎ》」と称して、七草粥や小豆粥など、正月行事の神饌を炊く竈の薪木として使用します。この神事は、本宮地区に住む氏子の子どもの行事として、成人するまでの間の身体健全や無病息災の願いを込め、関わりの深い本宮大社へ小さな薪木を奉納する成長儀礼の一つです。

子どもたちのヒギの奉納は、夜明け前の午前五時ごろから始まります。生まれて間もない〇歳の乳幼児の奉納は「持ち初め」と呼び、親に抱かれながら御竈木神事への初参りを行い、本殿および大斎原旧社地《おおゆのはらきゅうしゃち》の下八社《しもはっしゃ》へそれぞれ参拝します。持ち初め以降の男子は本殿のみの奉納参拝となります。五歳ごろまでの幼児が奉納する場合は、父兄が同伴してヒギを奉納しますが、荷が負えるようになれば自ら奉納し、兄弟や同級生と集まってヒギを担いで（ニカモチという）本宮大社へ参拝するようになります。

一五歳の「持ち納め」の男子は、一本の丸太を肩に担ぎ、一本は本殿前の奉献台に供え、もう一本は大斎原旧社地に持って行き、下八社の石宝殿前にある奉献台に供え、御竈木持ちの勤めを終えます。各家庭では、その日のうちに持ち納めをした男子の内祝いをする習わしがあります。（熊野本宮大社神事保存会）

12月10日の早朝、本宮の子供たちは、本宮大社の神事に用いるヒギを奉納しにやって来る。

新宮《しんぐう》の御燈祭《おとうまつ》り

新宮市神倉、神倉神社
国指定重要無形民俗文化財

二月六日
JR紀勢本線「新宮」駅より西に約一km

新宮市の熊野速玉大社《くまのはやたまたいしゃ》の摂社である神倉神社《かみくらじんじゃ》は、古くから神《かみ》倉山《くらやま》の山上に露出したゴトビキ岩を御神体として、明治以前には神倉聖《かみくらひじり》という修験者が修行する神仏混淆《こんこう》の色彩の濃い聖地でした。

旧正月の毎年二月六日に行われる「御燈祭り」は、天竺から日本へ渡り神倉山に降り立った熊野権現が、阿須賀神社《あすかじんじゃ》を経て熊野速玉大社に鎮座した様子を表すとも言われています。

この日、精進潔斎して白い衣裳を着た「上がり子」たちは、夕方から熊野速玉大社・阿須賀神社・妙心寺などを巡拝し、神倉山の急な石段を上って登拝します。

夜、暗闇のなかで神職により山上の神事で御神火が切り出され、大松明《おおたいまつ》に移し替えられると、それぞれ願いを込めた松明に神火をもらい受けて点《とも》します。一九時過ぎ山門が開くとともに松明をもった上がり子たちが、石段を滝のような勢いで一気に駈け下る様子は「下り竜」とも称されます。

（熊野速玉大社祭事保存会）

神倉山の御神体「ゴトビキ岩」。

神倉神社の御神体であるゴトビキ岩の陰で採られた御神火を、白装束の上がり子たちが待ち構える。

神倉山の赤鳥居の扉が開かれ、松明を持った上がり子たちが一斉に石段を駆け下りる。

新宮《しんぐう》の速玉祭《はやたまさい》

新宮市新宮、熊野速玉大社
国指定重要無形民俗文化財

一〇月一五日・一六日
JR紀勢本線「新宮」駅より北西に約一・二km

熊野速玉大社は、熊野川の下流、新宮市街地に面する千穂ヶ峯の麓に鎮座し、熊野権現が降臨した旧社地の「神倉」に対して新しく宮居を築いて「新宮」と号したとされる、熊野三山の一社として名高い古社です。

同社では、毎年一〇月一五日・一六日を祭日として例大祭（速玉祭）が行われます。

一五日は午前中の祭典に引き続き、午後から「神馬渡御式《しんめとぎょしき》」が行われ、速玉大社の神馬が新宮市内の大社ゆかりの聖地を巡り、摂社の阿須賀神社《あすかじんじゃ》で速玉大神《はやたまのおおかみ》の神霊を神馬に乗せて市街地を巡幸します。その後、いったん速玉大社を経由して、熊野川河畔の乙基《おとも》の御旅所に着くと、敷地に建てた杉の御仮宮《おかりや》に神霊を遷祀《せんし》し、鎮めの神子神楽《みこかぐら》を奏し、オミタマなどの神饌を供えるなどして、夕闇の迫るなか宮司が祝詞を奏上する厳粛な御旅所神事が執り行われます。

また、一六日の祭礼には「神輿渡御式《みこしとぎょしき》」と「御船祭《みふねまつり》」が行われ、夫須美大神《ふすみのおおかみ》の神霊を新宮神輿に載せ、神馬に稚児人形を載せた「正政《しょうまん》の一《ひと》つ物《もの》」を先頭に神幸行列が市街地を巡ります。

さらに、熊野川の河原において神輿から龍頭のある御神幸船《ごしんこうせん》に神霊を乗せ替え、三重県紀宝町の鵜殿《うどの》衆が奉仕する諸手船が御神幸船を曳航《えいこう》して熊野川を遡上し、御船島《みふねじま》を三周します。また新宮の各地区からは九艘の早舟が出て、熊野川で真剣勝負をする「早舟競漕《はやぶねきょうそう》」が祭りの見所になっています。

この後、神霊は陸にあがり乙基の御旅所へと遷され、前日同様の神事を行った後、闇に紛れて静かに速玉大社へと還御します。

（熊野速玉大社祭事保存会）

第1日目の「神馬渡御式」。新宮の神馬が速玉大社を出発して、阿須賀神社に向かう。

第2日目の「御船祭」の「早舟競漕」。

第2日目の「御船祭」では、赤い御神幸船に神霊を載せ、鵜殿の諸手船が熊野川を遡る。

那智《なち》の扇《おうぎ》祭《まつ》り

東牟婁郡那智勝浦町那智山
国指定重要無形民俗文化財

七月一三日・一四日
JR紀勢本線「紀伊勝浦」駅より路線バス「那智山」バス停下車、徒歩一〇分

熊野那智大社は、日本一の落差を誇る那智の大滝を信仰の根源地とし、山岳信仰の拠点として古くからある聖地であり、妙法山・烏帽子山・光ヶ峯など一帯の山々も古くから山伏の行場になっています。また、大社に隣接する西国三十三所巡礼・一番札所の青岸渡寺《せいがんとじ》や那智湾に面する浜の宮の観音浄土を目指して船を出した補陀洛渡海《ふだらくとかい》で知られる補陀洛山寺《ふだらくさんじ》など、那智地域は観音信仰の霊場でもありました。

同社の祭礼である「那智の扇祭り」は、毎年七月一四日に行われ、年に一度、御滝に神々が里帰りして、大松明の炎と御滝の水により浄められ御神威を増進し、浄化再生と秩序回復により豊年を祈念するものとされています。那智の大滝を舞台に一二本の大松明を出して扇神輿を浄める「御火行事《おひぎょうじ》」が行われることから、「那智の火祭り」とも呼ばれます。

扇祭りは、午前中に那智大社の境内で例大祭と大和舞《やまとまい》・那智の田楽の奉納、農耕神事である「御田植式《おたうえしき》」を行い、午後から高さ六mほどの板状の一二基の「扇神輿《おうぎみこし》」に神々の分霊を遷し、「ザーザーザー、ホォォー」という神役《しんやく》や扇差《おうぎざ》しの男たちの喊声《かんせい》が響くなか、那智大社と大滝（飛瀧神社《ひろうじんじゃ》）との間を結ぶ「御滝《おたき》道《みち》」に沿って渡御します。途中、伏拝《ふしおがみ》の神事を経て、行列が二つに分かれると、先に飛瀧神社に着いた方から一・二・三の使いの松明が、後方の扇神輿を迎えに行きます。

御神体である那智の御滝の前に12基の扇神輿が並べられ、一年で最も美しい瞬間を迎える。

後の行列が大滝への石段にさしかかると、一二本の大松明が扇神輿を迎えに行き、「ハーリヤ、ハーリヤ」のかけ声とともに、炎も勢いもよく上がって祭りの最高潮を迎えます。大滝の前に辿り着いた扇神輿が、「扇褒《おうぎほ》め」の神事の後、斎庭に立てられ、御滝の水に清められるごとく並ぶ姿はじつに壮観です。

その後、ススキの青笠を被った神役たちによる「御田刈式《おたかりしき》」が行われ、大松明の担ぎ手だった一二人が「今日の出ましのあなあら尊と…」と歌いながら「那瀑《なばく》の舞《まい》」を奉納します。

（那智の扇祭り保存会）

扇祭りのクライマックスである「御火行事」は、12基の大松明が後から来る扇神輿を出迎える。

那智《なち》の田楽《でんがく》

ユネスコ無形文化遺産
国指定重要無形民俗文化財

七月一三日・一四日
JR紀勢本線「紀伊勝浦」駅より路線バス「那智山」バス停下車、徒歩一〇分

那智の田楽は、毎年七月一三日、一四日に行われる「那智の扇祭り」において、奉納される芸能です。

那智の田楽には、二一節の田楽本曲とシテテンの舞が伝承されています。田楽の躍《おど》り手は、ビンザサラを担当する編木方《ささら》四名、腰太鼓を担当する太鼓方四名を中心に田楽の補助および「シテテン舞」を担当するシテテン役二名、龍笛《りゅうてき》を奏でる笛方数名により構成され、このほか数名の補佐役が付きます。

躍り手が左右対称に入れ替わったり、円状に並んだり、時に優雅に時にリズミカルに踊る那智の田楽は、古くから伝わる「田楽躍《でんがくおどり》」の特徴を示しています。とくに那智の田楽にみられる軽快さ、洗練された伸びやかな動きは、中世の「田楽躍」の芸態を良好に伝えるとして、昭和五一年（一九七六）に国の重要無形民俗文化財に指定され、さらに平成二四年（二〇一二）には、和歌山県で初めてのユネスコ無形文化遺産に登録されました。

「田楽躍」は、平安時代末期から鎌倉時代にかけて京の都を中心に大変流行した芸能で、一〇名程度の僧形の踊り手が笠を被り、田楽特有の楽器であるビンザサラや腰太鼓を鳴らしつつ、人目を惹きつける特異な隊列の総踊りや軽業的な曲芸を披露したものでした。

那智の田楽が、いつ伝わったかは明らかではありませんが、少なくとも室町時代中期には、祭礼に際して神社所属の社僧が演じる宗教芸能として、神事のなかで田楽が躍られたとみられます。那智山と新宮には幕末まで田楽が行われていましたが、いずれも明治維新後の神仏分離や祭祀組織の改革で、田楽を伝えた社僧が還俗させられ、離散したことにより、田楽は一時消滅しました。

しかし、大正時代になって那智山では田楽復興の気運が生まれ、古老の指導や神職による田楽の記録作業により、大正一〇年（一九一九）に五〇余年ぶりとなる那智田楽の再興が行われ、現在に至ります。


（那智田楽保存会）

中世の田楽躍のリズミカルな芸を留める那智の田楽は、和歌山県を代表する民俗芸能。

4人の編木（ささら）方は、ビンザサラを鳴らしながら足踏みを繰り返す。

付録　和歌山県内の祭礼・行事一覧

太字は本書掲載の祭礼・行事
◎印は国指定重要無形民俗文化財、
△印は国選択民俗文化財、
○印は県指定民俗文化財、
□印は市町村指定無形民俗文化財　であることを示します。

月	日程	指定	名称	開催地	所在地
1月	1日、10月第2日曜	○	**藤白の獅子舞**	藤白神社	海南市藤白
	不定期(以前は1日)	□	中南のおこない	地蔵寺	かつらぎ町花園中南
	2日	□	**色川大野の万歳楽**	旧色川中学校	那智勝浦町大野
		□	**色川神社のお弓神事**	旧色川中学校	那智勝浦町大野
		□	**潮御崎神社　御弓式**	潮御崎神社	串本町潮岬
	2日、3日	○	**野中の獅子舞**	継桜王子社　他	田辺市中辺路町野中
	3日	○	**下阿田木神社のお弓神事**	下阿田木神社	日高川町皆瀬
		□	**有田神社　御弓式**	有田神社	串本町有田
			天満神社　お的祭り	天満神社	串本町姫
	3日か4日	□	稲荷神社　御的祭	稲荷神社	串本町二色
	4日	□	矢倉神社　御的祭	矢倉神社	串本町高富
	5日	□	中原の堂徒式	中原阿弥陀堂	有田川町中原
	7日	□	木本八幡宮御田祭	木本八幡宮	和歌山市西庄
	8日	○	**八咫烏神事**	熊野本宮大社	田辺市本宮町本宮
	9日	□	矢倉神社　御的祭	矢倉神社	串本町樫野
	12日、13日	□	浦安神社の恵美須祭	浦安神社	田辺市磯間
	15日	□	**潮崎本之宮神社　御的祭**	潮崎本之宮神社	串本町串本
			市野々王子神社のお弓行事	王子神社	那智勝浦町市野々
		□	隅田八幡神社管祭	隅田八幡神社	橋本市隅田町垂井
	第2日曜	□	お日待ち	南龍神社	有田市宮崎町矢櫃
	第3日曜	○	**天野の御田祭**	丹生都比売神社	かつらぎ町上天野

月	日程	指定	名称	開催地	所在地
2月	6日	◎	新宮の御燈祭り	神倉神社	新宮市新宮
	第2土曜・日曜	○	大島水門祭	水門神社	串本町大島
		□	大島　獅子舞	水門神社	串本町大島
	不定期(以前は、西暦奇数年11日)	○	久野原の御田	岩倉神社	有田川町久野原
	不定期(以前は、西暦偶数年11日)	◎	杉野原の御田舞	雨錫寺阿弥陀堂	有田川町杉野原
	11日		下里神社のお弓祭り	下里神社	那智勝浦町下里
	旧暦1月8日	◎	粟生のおも講と堂徒式	吉祥寺薬師堂	有田川町粟生
	旧暦1月8日に近い日曜(西暦奇数年)	◎	花園の御田舞	遍照寺大日堂　他	かつらぎ町花園梁瀬
	旧暦正月後の初午	□	粥占い神事	伊作田稲荷神社	田辺市稲成町
	不定期(以前は15日、春秋彼岸、盆、旧暦10月10日)	○	六斎念仏	延命寺	かつらぎ町下天野
	中旬		熊野三所大神社のお弓祭り	熊野三所大神社	那智勝浦町浜の宮
	25日に近い土曜・日曜		天神社のお弓祭り	天神社	那智勝浦町下里
3月	10日	○	おとう祭	須佐神社	御坊市南塩屋
	春秋彼岸中日、5月7日、10月12日	□	大窪地蔵寺　大川流双盤念仏	地蔵寺	海南市下津町大窪
4月	4月3日(開催年は不定期)	□	大飯盛物祭	大国主神社	紀の川市貴志川町国主
	13日、15日	○	熊野本宮の湯登神事・御田祭	熊野本宮大社	田辺市本宮町本宮
	28日、29日	○	上阿田木神社の春祭	上阿田木神社	日高川町初湯川
5月	5日	□	御田植神事	伊作田稲荷神社	田辺市稲成町
	14日	○	糸我得生寺の来迎会式	得生寺	有田市糸我町中番
	中旬		和歌祭	紀州東照宮	和歌山市和歌浦
	5月上旬~10月下旬	○	北山川の筏流し技術	北山川	北山村大沼
6月	不定期(以前は6月~8月)	○	有田川の鵜飼	有田川	有田市・有田川町
7月	第1日曜	○	岡の獅子舞	田中神社	上富田町岡
	不定期(以前は7日~14日)	○	妙法壇祇園太鼓	八坂神社	紀の川市桃山町段
	7日	□	極楽寺虫送り	極楽寺	みなべ町西本庄
	13日	△	名喜里祇園祭の夜見世	大潟神社	田辺市新庄町名喜里

月	日程	指定	名称	開催地	所在地
7月	13日、14日	◎	那智の田楽	熊野那智大社	那智勝浦町那智山
		◎	那智の扇祭り	熊野那智大社	那智勝浦町那智山
	17日(10月18日)	○	顯國神社の三面獅子	顯國神社 他	湯浅町湯浅
	24日、25日	○	田辺祭	闘雞神社	田辺市東陽
	中旬、10月第2日曜	○	大窪の笠踊り	木村神社	海南市下津町大窪
	第4土曜・日曜	◎	河内祭の御舟行事	古座神社、河内神社	串本町古座、古田
	最終土曜・日曜	○	粉河祭	粉河産土神社	紀の川市粉河
8月	不定期(以前は13日~15日、23日)	○	伏拝の盆踊	伏拝公民館	田辺市本宮町伏拝
	不定期(以前は13日、15日)	○	平治川の長刀踊	本宮山村開発センター	田辺市本宮町平治川
	不定期(以前は15日)	△	大瀬の太鼓踊	大瀬公民館	田辺市本宮町大瀬
	14日	○	団七踊	西熊野神社	和歌山市西
		□	野の送り念仏	野地区	橋本市野
		□	つつてん踊り	黒江地区	海南市黒江
	不定期(以前は14日、15日)	○	お夏清十郎踊り	土河屋公民館	田辺市本宮町土河屋
	不定期(以前は13日、17日)	○	萩の餅搗踊	萩地区集会所	田辺市本宮町萩
	不定期(以前は14日~23日)	○	六斎念仏	光明寺	みなべ町晩稲
	15日	○	太地のくじら踊	太地漁港	太地町太地
		○	塩津のいな踊	蛭子神社前広場	海南市下津町塩津
		○	嵯峨谷の神踊	若宮八幡神社	橋本市高野口町嵯峨谷
		○	興国寺の燈籠焼	興国寺	由良町門前
		○	下川上の流れ施餓鬼	下川上公民館前の川原	田辺市下川上
		□	薗のはちこめ踊り	薗地区	御坊市薗
		□	鞆渕八十八おどり	中鞆渕	紀の川市中鞆渕
		□	ヤトヤ踊り	垣内地区	紀の川市桃山町垣内
	16日	○	椎出の鬼舞	椎出厳島神社	九度山町椎出
			古沢の傘鉾	古沢厳島神社	九度山町上古沢
	20日	□	二十日晩会式	法蔵寺	有田川町長田
	不定期(以前は、盆踊り開催時期)	○	櫂踊	熊野三所大神社	那智勝浦町浜の宮

月	日程	指定	名称	開催地	所在地
8月	不定期（以前は盆）	□	**亀の川念仏踊り**	南野上次ヶ谷	海南市次ヶ谷
		□	梅中傘踊り	小川地区公民館	紀美野町梅本
	講習会の最終日曜	○	**岩倉流泳法**	秋葉山プール	和歌山市
	不定期	○	**立神の雨乞踊り**	立神社	海南市下津町引尾
9月	1日	□	太刀ヶ谷神社のお祭り	太刀ヶ谷神社	白浜町
	敬老の日の前々日	○	**高芝の獅子舞**	高芝会館	那智勝浦町下里
	中旬	○	**三輪崎の鯨踊**	三輪崎漁港	新宮市三輪崎
		□	**三輪崎の獅子舞**	三輪崎漁港	新宮市三輪崎
		□	勝浦八幡神社例祭舟渡御神事	勝浦八幡神社	那智勝浦町勝浦
	9月22日、23日	□	田並　獅子舞	田並天満宮	串本町田並
	30日	△	**広八幡の田楽**	広八幡宮	広川町上中野
10月	1日	△	**広八幡の田楽**	広八幡宮	広川町上中野
		○	**乙田の獅子舞**	広八幡宮	広川町上中野
	2日	○	**印南八幡の重箱獅子と祭**	印南八幡神社、山口八幡神社	印南町印南
	4日、5日		**御坊祭**	日高別院・小竹八幡神社	御坊市御坊・薗
		△	**戯瓢踊**	日高別院・小竹八幡神社	御坊市御坊・薗
	5日	○	**御坊下組の雀踊**	小竹八幡神社	御坊市御坊・薗
	不定期（以前は第1土曜・日曜）	○	**阿尾のクエ祭**	白髭神社	日高町阿尾
	8日、9日	○	**須賀神社の秋祭**	須賀神社ほか	みなべ町西本庄・気佐藤
		□	樫野　獅子舞	雷公神社	串本町樫野
	9日	□	須賀神社だんじり囃	須賀神社	みなべ町西本庄
		□	藤並神社例祭渡御 だんじり祭囃子・三面神楽	藤並神社	有田川町天満
	11日	□	田殿丹生神社例祭渡御 だんじり祭囃子・三面神楽	田殿丹生神社	有田川町出
	13日過ぎの土曜・日曜	○	**木ノ本の獅子舞**	木本八幡宮	和歌山市木ノ本
	14日	□	石垣の獅子舞	石垣尾神社	有田川町吉原
	14日、15日	□	有田の御船歌	有田神社	串本町有田
		□	有田　獅子舞	有田神社	串本町有田

月	日程	指定	名称	開催地	所在地
10月	15日	□	岩倉神社粟生の獅子舞	岩倉神社	有田川町粟生
	15日	□	國津神社三面獅子舞	國津神社	湯浅町田
	15日、16日	◎	新宮の速玉祭	熊野速玉大社、阿須賀神社ほか	新宮市新宮
	第2土曜・日曜	○	隅田八幡神社の秋祭	隅田八幡神社	橋本市隅田町垂井
		□	串本北氏子会　獅子舞	串本町串本	串本町串本
		□	串本西春秋会　獅子舞	串本町串本	串本町串本
		□	串本東氏子会　獅子舞	串本町串本	串本町串本
		□	串本南氏子会　獅子舞	串本町串本	串本町串本
		□	鬮野川　獅子舞	串本町鬮野川	串本町鬮野川
		□	小熊の奴踊り	土生八幡神社	日高川町小熊地内
	第2土曜・日曜・月曜	□	潮岬　獅子舞	潮御崎神	串本町潮岬
		□	田子　獅子舞	串本町田子	串本町田子
	第2日曜	□	千田祭	須佐神社	有田市千田
			衣奈祭	衣奈八幡神社	由良町衣奈
		○	衣奈祭の神事	衣奈八幡神社	由良町衣奈
		○	東岩代の子踊り	東岩代八幡神社	みなべ町東岩代
		○	西岩代の子踊り・獅子舞	西岩代八幡神社	みなべ町西岩代
		○	丹生祭	丹生神社	日高川町江川
		□	加茂神社獅子舞	加茂神社	海南市下津町下
		□	寿式三番叟	杵荒神社	田辺市中辺路町栗栖川
	不定期(以前は第2日曜)	○	小引童子相撲	衣奈八幡神社	由良町衣奈
		○	神谷の稚子祭	衣奈八幡神社	由良町衣奈
		○	二川歌舞伎芝居「三番叟」	城山神社	有田川町二川
	体育の日	○	山路王子神社の奉納花相撲(泣き相撲)	山路王子神社	海南市下津町市坪
		○	山路王子神社の獅子舞	山路王子神社	海南市下津町市坪
			えびすのお渡り	古沢厳島神社	九度山町上古沢
		□	日出神社　御船まつり	日出神社	白浜町日置
	中旬	□	野上八幡宮獅子舞	野上八幡宮	紀美野町小畑

月	日程	指定	名称	開催地	所在地
10月	第3土曜・日曜	○	土生八幡神社のお頭神事	土生八幡神社	日高川町土生
	第3土曜・日曜	⊓	南道の奴行列	鹿島神社	みなべ町南道
	第3土曜・日曜・月曜	⊓	出雲　獅子舞	朝貴神社	串本町出雲
	第3日曜		由良祭	宇佐八幡神社	由良町里
		○	阿戸の獅子舞	宇佐八幡神社	由良町里
		○	横浜の獅子舞	宇佐八幡神社	由良町里
		⊓	虎松踊り	三船神社	紀の川市桃山町元
		⊓	三船踊り	三船神社	紀の川市桃山町神田
	第4土曜・日曜・月曜	⊓	和深　獅子舞	和深八幡神社	串本町和深
	第4土曜・日曜・月曜、12月15日	⊓	和田祭りの鬼獅子	御崎神社	美浜町和田
	不定期	∧	花園の仏の舞	遍照寺	かつらぎ町花園梁瀬
11月	1日直近の日曜日	○	名之内の獅子舞	天宝神社	みなべ町清川
		⊓	清川天宝神社住吉太鼓	清川天宝神社	みなべ町清川
	2日、3日	○	芳養八幡神社の秋祭	芳養八幡神社	田辺市芳養
	3日	○	野中の獅子舞	継桜王子社　他	田辺市中辺路町野中
		○	寒川祭	寒川神社	日高川町寒川
		○	住吉踊	長野八幡神社	田辺市長野
		○	上野の獅子舞	春日神社	田辺市下川下
		□	三川の獅子舞	三豊神社	田辺市熊野・面川・合川
		□	小家神楽	荒嶋神社	田辺市龍神村小家
	第1日曜	○	太地のくじら踊	太地漁港	太地町太地
	14日、15日	○	堅田祭	堅田八幡神社	白浜町堅田
	22日、23日	□	万呂の獅子舞	万呂須佐神社	田辺市下万呂
	23日	○	岡の獅子舞	八上神社	上富田町岡
	11月中	□	新庄杜氏唄	田辺市新庄町	田辺市新庄町
12月	第1日曜	○	ねんねこ祭	木葉神社	串本町田原
	10日	○	御竈木神事	熊野本宮大社	田辺市本宮町本宮
	31日	○	たい松押し	下花園神社	かつらぎ町花園梁瀬

月	日程	指定	名称	開催地	所在地
	不定期（時期を定めず）	○	紀州備長炭製炭技術		日高郡・田辺市・西牟婁郡・東牟婁郡管内
		○	一ノ瀬大踊	上富田町市ノ瀬	上富田町市ノ瀬
		○	野田原の廻り阿弥陀	野田原区	紀の川市桃山町野田原

参考文献

野田三郎、『日本の民俗三〇　和歌山』、一九七四、第一法規出版

那智田楽保存会、『那智田楽』、一九七九、那智田楽保存会

清水町文化財保護審議会、『清水町の民俗行事』、一九八四、清水町教育委員会

小山　豊、『紀州の祭と民俗』、一九九二、国書刊行会

和歌山県祭り・行事調査委員会、『和歌山県の祭り・行事』、二〇〇〇、和歌山県教育委員会

和歌山県民俗芸能保存協会、『和歌山県の民俗芸能　調査研究事業報告書』、二〇〇五、和歌山県民俗芸能保存協会

紀伊山地の霊場と参詣道関連地域伝統文化伝承事業実行委員会、『高野山麓の六斎念仏』、二〇〇九、紀伊山地の霊場と参詣道関連地域伝統文化伝承事業実行委員会

和歌山県教育委員会、『熊野三山民俗文化財調査報告書』、二〇一三、和歌山県教育委員会

和歌山県教育委員会、『高野山周辺地域民俗文化財調査報告書』、二〇一五、和歌山県教育委員会

御坊市文化遺産活用事業実行委員会、『御坊祭ガイドブック』―和歌山県日高地方最大の祭り、二〇一七、御坊市文化遺産活用事業実行委員会

有田川町教育委員会、『杉野原の御田舞映像記録解説書』、二〇一七、有田川町教育委員会

和歌山県教育委員会、『令和元年度　和歌山県文化財パトロールハンドブック』、二〇二〇、和歌山県教育委員会

索 引

執筆者　吉川壽洋
濵岸宏一
宮本佳典
蘇理剛志
編者　和歌山県民俗芸能保存協会
（和歌山県教育委員会文化遺産課）

和歌山県の祭りと民俗

2021年1月8日　初版第1刷発行

編　者 ── 和歌山県民俗芸能保存協会
発行者 ── 稲川博久
発行所 ── 東方出版㈱
〒543-0062　大阪市天王寺区逢阪2－3－2
Tel. 06-6779-9571　Fax. 06-6779-9573
装　丁 ── 森本良成
組　版 ── はあどわあく
印刷・製本 ── シナノ印刷㈱

ISBN978-4-86249-405-4 C0039